DIRK HESSEL

Einfach Erwachen!

Dirk Hessel

Einfach
Erwachen!

Hilfreiche Tipps
zur spirituellen Erleuchtung

Einfach Erwachen!
©2020 Dirk Hessel

2. geänderte Auflage, 2020

Dirk Hessel
Mondsteinweg 29
33739 Bielefeld

dirkhessel.com

Bibliografische Information der Deutschen
Nationalbibliothek
Die Deutsche Nationalbibliothek verzeichnet diese Publikation
in der Deutschen Nationalbibliografie; detaillierte bibliografische
Daten sind im Internet über http://dnb.dnb.de abrufbar.

Verlag: BoD · Books on Demand GmbH,
Überseering 33, 22297 Hamburg, bod@bod.de
Druck: Libri Plureos GmbH,
Friedensallee 273, 22763 Hamburg
ISBN: 978-3-7519-7970-2

INHALT

Gereiztheit
Trost bei Trauer

3. Welt, Moral und Beruf

Armut und Leid in der Welt
Konflikte und Kriege
Wahren Frieden erlangen
Gewählte Dikatoren
Über das »Böse«
Über die Moral
Über die Freiheit
Gene und Erziehung
Die Respektlosigkeit der Menschen
Mitgefühl
Die größte Sünde
Berufliche Neuorientierung
Das Richtige tun
Das Streben nach Geld
Ein spiritueller Beruf

4. Liebe und Beziehung

Wahre Liebe
Vertrauen und Liebe
Tantrischer Sex und Erleuchtung
Sexuelle Orientierung
Verlangen nach Liebe und Sex
Eifersucht in den Griff bekommen

Heirat und »Erleuchtung«

8. Leben und Sterben

Danke

Der Zweck des Erwachens

Die größte Fähigkeit des Menschen ist die Fähigkeit zur Selbsterkenntnis. Dem scheint meist eine Entwicklung vorauszugehen, das Bestreben oder die Suche danach, zur eigenen Natur zu erwachen. Du befindest dich jetzt an dieser Stelle, denn du willst der Sache auf den Grund gehen und wissen, was du in Wahrheit bist. Zu deiner Unterstützung habe ich in diesem Buch einige Tipps zusammengestellt, die hoffentlich hilfreich für dich sind.

Wenn Erkenntnis geschieht, wird dir klar, dass du keine unabhängige Person bist: Es gibt kein »Ich«, das etwas tun oder erreichen könnte. Dann wird auch erkannt, dass hier eine Art Spiel abläuft, das nicht einfach so verlassen werden kann. Deshalb können »erwachte« und »nicht erwachte« Menschen nur so tun, »als ob« sie das gegenwärtig ablaufende Geschehen aktiv beeinflussen könnten.

Doch gerade weil hier alles auf Autopilot läuft, kann es zu Entspannung kommen, denn Themen wie Verantwortung und Moral verlieren an Schwere. Die Erkenntnis, dass nirgends eine Persönlichkeit drin steckt, mutet zunächst vielleicht etwas seltsam an, doch genau das ist das Erwachen. Es führt dich zu Mitgefühl und echter Gelassenheit, die wichtigsten Eigenschaften eines bewussten und erfüllten menschlichen Lebens.

1. Bewusstsein und Gedanken

Gegenwärtig bleiben

Häufig lenken uns die Aktivitäten der Welt davon ab, unsere wahre Natur zu erkennen. Wir legen unser Augenmerk auf Dinge im Außen und halten vieles für so wichtig, dass wir ständig das Gefühl haben, uns darum kümmern zu müssen. Unser unvergängliches Selbst ist verschleiert und wir können es nicht mehr fühlen.

So haben wir vergessen, was wir in Wahrheit sind, und jetzt lassen wir uns von gedanklichen Irrtümern vorschreiben, was wir zu tun haben. Das führt zu einem Gefühl von Abgrenzung, und daraus resultieren Konflikte.

Glaube nicht alles, was du denkst und versuche, dich von der zwanghaften Konditionierung des ständigen Denkens zu lösen. Das gegenwärtige Geschehen gedanklich zu kommentieren ist überflüssig, denn alles geschieht sowieso schon.

Wenn du dich regelmäßig in Stille hinsetzt und erkennst, dass die mentalen Kommentare spontan

und ohne einen besonderen Grund auftauchen und mit deinem wahren Wesen nichts zu tun haben, kann sich die innere Gedankenflut verringern. Dann scheint das gegenwärtige Geschehen wieder stärker durch, du bekommst mehr vom Leben mit, die Welt wirkt frischer, das Essen schmeckt besser, und draußen hörst du wieder die Vögel singen.
Der sogenannte Verstand beschäftigt sich gern mit Vergangenheit und Zukunft. Doch das sind nur gedankliche Geschichten, die jetzt im Bewusstsein auftauchen und deine Gegenwärtigkeit vernebeln.

Zu diesen Geschichten gesellen sich häufig Groll und Sorgen, beides Emotionen, die jeweils zu Vergangenheit und Zukunft gehören. Zusammen bilden Gedanken und Emotionen ein sehr realistisches Ichgefühl. Doch das ist nicht die absolute Realität, sondern nur ein Element des Lebensspiels, und es lenkt dich von der Wahrheit des jetzigen Moments ab.

Habe die Bereitschaft, dieses Spiel zu erkennen, dich nicht mehr davon ablenken zu lassen, und du bleibst gegenwärtig. Und in tiefster Erkenntnis kannst du nur gegenwärtig sein, denn alles ist schon die Gegenwart, egal, wie sie sich präsentiert. Alles, was darin erscheint, ist gegenwärtig, und für Gegenwärtigkeit spielt es keine Rolle, ob sie erkannt wird oder nicht. Selbst die größte Unbewusstheit findet in Gegenwärtigkeit statt.

Das große Spiel

Mit dem großen Spiel ist die hier ablaufende Illusion gemeint, die als Realität erscheint. Im Gewahrseinsraum tauchen viele scheinbar voneinander getrennte Elemente auf: dieser Planet, Berge, Meere, Gebäude, Menschen, Tiere, Mineralien, Feinstoffliches, Gedanken, Gefühle usw. Dennoch sind sie nur Erscheinungsformen des All-Einen, des Seins.

In genialer Weise scheinen diese Elemente miteinander zu agieren, voneinander unabhängig zu sein oder in einem Ursache-Wirkung-Verhältnis miteinander zu stehen. Dieses Geschehen kann scheinbar von einem persönlichen »Ich« wahrgenommen und beeinflusst werden, das ein unabhängiges Schicksal hat.

Doch das gesamte Geschehen wird zeitlos von dem einen Sein gemacht, besser gesagt, das Sein *ist* das Ganze selbst.

Es funktioniert wie ein großes Bühnenschauspiel, in dem verschiedene Schauspieler herumlaufen, die ihre eingenommenen Rollen für sich selbst halten. Nur selten wird durch einen dieser Charaktere erkannt, dass sich alles nur um ein großes Schauspiel handelt und alle Teilnehmer nur Fragmente dieser genialen Illusion sind. Dieses Durchschauen wird manchmal »Erwachen« oder »Erleuchtung« genannt.

Jedoch ist es nicht so, dass eine Person Erleuchtung erfahren kann, sondern das Leben, das Sein, erkennt durch den menschlichen Körper, dass es keine Person ist. Das Sein erkennt sich selbst als Sein. Eine Person kann nicht erwachen und nicht erleuchtet werden, weil sie nicht existiert.

Doch das wird oft behauptet, und auch dieser Irrtum beruht auf der Fehlidentifikation des Lebens mit einer scheinbaren Person. Das ist das große Spiel in seiner faszinierendsten Form.

Realität

Das, was ist, ist real, weil es da ist. Es spielt dabei keine Rolle, ob sich die Inhalte der Wahrnehmung ändern.

Wenn erkannt wird, dass Gedanken, innere Bilder, Geschichten und Gefühle Inhalte des Gewahrseins sind, die immer nur in der Gegenwart auftauchen, löst sich der Glauben an eine Vergangenheit, an eine Zukunft und an Orte, die angeblich jetzt woanders existieren, auf. Das ist nur schwer zu akzeptieren, aber es ist direkt zu sehen.

Angenommen, du wärst blind. Dann würdest du sagen, dass deine Wahrnehmung anders ist als meine. Von deiner Warte her betrachtet stimmt das, denn diese Wahrnehmung ist »deine« Realität. Von hier aus betrachtet taucht allerdings nur ein Charakter auf, aus dessen Mund die Worte kommen: »Ich bin blind.« Diese Wahrnehmung ist die Realität. Sie ist das, was jetzt im und als Gewahrsein erscheint. Alles andere sind unüberprüfbare Annahmen.

Abgelenkt von unserem Innenleben sind wir von dem Vorhandensein von Zeit überzeugt und der Möglichkeit, das Hier und Jetzt verlassen zu können. Doch egal, wohin wir gehen, es ist überall nur hier und jetzt.

Der wichtige Punkt dabei ist das Erkennen der Unsterblichkeit des Lebens. Mit einer sehr hohen Wahrscheinlichkeit wird der Körper zerfallen und dann wird die Realität eine andere sein, denn das Leben lebt weiter.

Parallel zu dem, was jetzt stattfindet, gibt es kein weiteres spirituelles Reich, in das du gelangen könntest, denn alles geschieht nur in der Gegenwart.

Das Geniale an diesem Spiel liegt in dessen Fähigkeit, vorgaukeln zu können, dass es jenseits der Gegenwart noch weitere Realitäten gibt.

Wenn sich die Gegenwart umkonfiguriert, zum Beispiel dann, wenn du in einen Supermarkt fährst oder in den Keller gehst, um ein Glas Gurken zu holen, geschieht in Wahrheit nichts. Aber eine scheinbare Person glaubt, sie gehe die Treppen hinunter oder steige ins Auto und würde sich dadurch bewegen.

Nur die gegenwärtigen Erscheinungen sind Realität, und oft gaukeln sie Bewegung vor. Doch es bewegt sich nichts von hier nach dort. Diese tiefe Wahrheit ist mit dem Verstand nicht zu begreifen.

Noch unbegreiflicher wird es bei Planungen. Angenommen, du rufst eine Freundin an, um dich mit ihr zum Kaffee zu verabreden. Dann trefft ihr euch später an dem verabredeten Ort. Nun sieht es wirklich so aus, als ob es Zeit und verschiedene Orte gibt.

Doch auch hier – und jetzt wird es wirklich seltsam – bist du niemals in ein Auto gestiegen, um dich mit deiner Freundin zu treffen. Die Autofahrt ist nur ein inneres Bild, das perfekt passend zur Situation im jetzigen Moment erscheint.

Du sitzt in Begleitung in einem Café und es war nie anders. Du bist nirgendwo hergekommen, denn es gibt kein anderes Jetzt, das in der Vergangenheit liegt. Es gibt nur die zeit- und raumlose Gegenwart. Du bist nicht mehr und nicht weniger als ein präsentes Bewusstseinsfeld.

Auf praktischer Ebene kannst du mit diesem Wissen vielleicht noch nicht viel anfangen. Doch sobald du durch Selbsterforschung erkennst, dass es so ist, wie hier beschrieben, erlangst du mehr Leichtigkeit. Das Leben bietet dadurch plötzlich deutlich mehr Bewegungsfreiheit.

Viele Situationen werden jetzt als Spiel des Lebens durchschaut und du nimmst alles nicht mehr so ernst. Endlich kann wirklich gespielt werden.

Die Erfahrung des Bewusstseins

Deine Erfahrung des Bewusstseins ist nicht wie die anderer Leute, denn in diese Vermutung hat sich bereits ein grundlegender Irrtum eingeschlichen: Es kann nicht »deine« Erfahrung des Bewusstseins sein, weil es kein »Ich« gibt, das eine Erfahrung machen kann. Das Ich, von dem geglaubt wird, dass es existiert, ist nur ein Gedanke. Dieser Ich-Gedanke taucht als Erfahrung im Gewahrsein auf und kann selbst keine Erfahrungen machen.

Ein kleines Gleichnis: Die Zeile eines Buches (das illusionäre Ich) kann keine anderen Zeilen erfahren. Nur der Leser des Buches (das Bewusstsein) kann den Inhalt erfahren. Um es noch deutlicher auszudrücken: Du erfährst nicht das Bewusstsein, sondern das Bewusstsein erfährt verschiedene Inhalte, unter anderem auch ein scheinbares Ich, in Form eines auftauchenden Ichgefühls und den dazu passenden Gedanken.

Zudem existieren keine »Anderen«. Es sind nur Erscheinungen im gegenwärtigen, zeitlosen Moment. Auch wenn es sich vielleicht etwas seltsam anhört: Es ist nur eine unüberprüfte Annahme, dass »dort drüben« auch gefühlt, gedacht und erfahren wird. In der Person dort drüben ist niemand drin, der denken, fühlen oder erfahren könnte, selbst, wenn es so scheint.

Die einzigen Gedanken, die es gibt, sind die, die gerade jetzt auftauchen. Das Ganze, mit seinen erscheinenden Menschen, Tieren, Häusern, Autos, Pflanzen, der Natur, Gedanken und Gefühlen, ist das Spiel, das wegen seiner ungeheuren Genialität und magnetischen Anziehungskraft nur selten vollständig durchschaut wird.

Das eine Bewusstsein erfährt sich selbst als alles. Warum das so ist, ist ein Mysterium.

Die 3 Schritte der spirituellen Entwicklung

Zu Beginn des spirituellen Weges glauben wir noch vollständig, eine angreifbare und sterbliche Person zu sein.

Wir wollen etwas erreichen, weil wir uns dadurch eine Verbesserung unseres Lebens erhoffen und weil wir von anderen Inhalten des Lebens enttäuscht sind. Nach einiger Zeit werden wir wagemutiger und träumen sogar davon, eines Tages erleuchtet zu sein. Ein Ich hat sich auf die Suche nach Erleuchtung begeben und erkennt dabei nicht, dass es selbst die illusionäre Ablenkung ist, die sich auflöst, sobald das Sein sich selbst erkennt.

Das ist der erste Schritt, und in dieser Situation liegt noch die vollständige Identifikation mit einer Person vor, egal wie nobel oder heilig die Identifikation auch erscheinen mag. In anderen Worten, das Bewusstsein glaubt, nur der begrenzte Inhalt zu sein, auch wenn es sich um »spirituelle« Inhalte handelt. Wenn dann irgendwann erkannt wird, dass alle auftauchenden Inhalte beobachtet werden können, richtet sich die Aufmerksamkeit des Bewusstseins auf sich selbst. Das Bewusstsein wird sich seiner selbst bewusst.

Dies ist, wenn man dieses Modell benutzen möchte, Schritt Zwei in der spirituellen Entwicklung. Wenn der stille Beobachter, das Bewusstsein, sich seiner selbst bewusst wird, wird auch erkannt, dass alle auftauchenden Inhalte, wie Gedanken, Gefühle und das Geschehen im sogenannten Außen nicht unsere wahre Natur sind. Für eine Zeit liegt nun eine Unterscheidung zwischen Bewusstsein und Inhalt des Bewusstseins vor.

Hierdurch erfolgt eine Ablösung von der hypnotischen Anziehungskraft des Spiels des Lebens. Wenn das gegenwärtig ablaufende Geschehen nicht mehr ernst genommen wird, verliert es an Bedeutung und Entspannung kann eintreten. Alles läuft so, wie es läuft. Doch nun taucht vielleicht ein überzeugender Gedanke auf, der sagt: »Ich bin reines Bewusstsein«.

Diese Stelle ist heikel, weil jetzt immer noch an ein Ich geglaubt wird, dass allerdings jetzt angeblich nur noch aus reinem Bewusstsein besteht. Es ist aber nicht dein Bewusstsein, das wahrnimmt, sondern Wahrnehmen findet statt. Nicht einmal ein letztes, »großes« Ich ist vorhanden, das sich als Etikett an dieses eine Bewusstsein heften ließe und eine »spirituelle« Alternative zu dem kleinen Ego-Ich bilden könnte.

Es gibt kein Ich, egal in welcher Form.

Wenn auch dieses »letzte Ich« als Illusion erkannt wird und als gedankliches Konzept wegfällt, erscheint die Erkenntnis, dass es nur Sein gibt. Wichtig ist, noch einmal zu erwähnen, dass mit Sein **die Verbform** gemeint ist, **das aktive Geschehen** und nicht das Sein als Substantiv (wie zum Beispiel »Laufen« im Gegensatz zu »der Lauf«).

Willst du aus dem Sein ein Objekt oder das letzte Subjekt machen, also etwas, das zu begreifen oder zu personifizieren ist, hast du dich verirrt. Das Sein lässt sich nicht verstehen, sondern nur erfahren.

Du bist nicht das Sein oder das Bewusstsein. Der Zustand des Seins ist. Der Beobachter wird eins mit dem Beobachteten und verschwindet.

Es ist nur noch da, was ist. Und das ist alles.

Wenn du das vollkommen erkannt hast, kannst du das Buch an dieser Stelle zuklappen und verschenken. :)

Das Ich

Der eine Ozean glaubt für eine Weile, nur eine kleine Welle zu sein. Doch der Ozean hat die Welle selbst erschaffen und dann seine grenzenlose Ganzheit vergessen. Das bedeutet: Das eine Bewusstsein des Lebens fokussiert sich auf einen kleinen, menschlichen Körperorganismus und die darin auftauchenden Ich-Gedanken und Gefühle.

Das Sein ist wie hypnotisiert von dem selbst erschaffenen, raffinierten Geschehen. Ich-Gedanken erscheinen einfach so und das Bewusstsein glaubt für eine Weile, nur noch dieses kleine Ich zu sein.

Das ist die ganze Illusion. Sie ist ein Irrtum und wirkt wie eine starke Hypnose. Es gibt kein »Du« oder »Ich«. Es ist keine Person vorhanden.

Das eine Leben betrachtet das gesamte Geschehen. Oder noch genauer ausgedrückt: Sein geschieht in diesem Moment und Wahrnehmen findet statt, ohne einen persönlichen Aspekt.

Nichts macht dich zum »Du«, weil es dich nicht gibt. Selbst, wenn es sich anders anfühlt.

Intelligenz

In der Psychologie wird Intelligenz als die kognitive Leistungsfähigkeit des Menschen bezeichnet. Eine allgemeingültige Definition existiert nicht, doch wenn man von Intelligenz spricht, kann man zwei Formen von Intelligenz betrachten.

Mit der einen Form von Intelligenz meinen wir meist unseren sogenannten Verstand, der mehr oder weniger gut funktioniert. Es scheint unterschiedliche Kapazitäten und Reaktionsmöglichkeiten zu geben, auf Situationen und Reize der Innen- und Außenwelt zu reagieren.

Oft glauben wir, dass ein Mehr an Intelligenz im Leben eher zum Erfolg führt, als wenn man eine geringere Intelligenz besitzt. Daher versuchen wir manchmal, unsere Intelligenz zu messen und zu steigern, durch Gedächtnistraining, Kreuzworträtsel, IQ-Tests, eine herausfordernde Arbeitsstelle usw. Bei diesem Geschehen wird übersehen, dass so etwas wie ein »Verstand« nicht existiert. Wir tragen ein diffuses Bild von einem »Verstand« in uns, so wie eine mysteriöse Blackbox, deren Funktionsweise nicht vollständig ergründet ist.

Doch der sogenannte Verstand ist nichts weiter als eine spontane Aneinanderreihung von auftauchenden Gedanken, die vom Bewusstsein wahrgenommen werden. Zwischen diese Gedanken mischen sich Ich-Gedanken, die behaupten, für die vorhandene Intelligenz – also für die anderen auftauchenden Gedanken – verantwortlich zu sein. Dass dieses vorhandene Ich auch nur aus Gedanken besteht, die selbst nichts ausrichten können, ist meist nicht klar.

Der Mensch möchte die Kontrolle behalten, um am Leben zu bleiben. Dieser Kontrolltrieb ist eng verwoben mit dem Entstehen des Ego.

Schon früh in der Kindheit können hohe Intelligenz und Schlagfertigkeit entstehen, um für das Leben gewappnet zu sein. »Wenn ich in der Lage bin, alles schnell zu begreifen und einzuordnen, gibt es nichts Fremdes mehr, das mir gefährlich werden kann. Ich bin sicher und werde überleben.« So denkt das illusionäre Ich, und diese Fähigkeiten sehen auf den ersten Blick erstrebenswert aus, denn Intelligenz wird in dieser Welt behandelt wie ein Heiligtum.

Viele Eltern wünschen sich, dass ihr Kind als »hochbegabt« angesehen wird, damit es später bessere Karrierechancen hat. Welche Last sie ihrem Kind damit aufbürden, sehen sie nicht. »Wissen ist Macht.« Diesen Ausspruch hast du wahrscheinlich auch schon gehört und glaubst vielleicht auch daran. Dass Wissen und Intelligenz nur Gedanken in scheinbar sinnvoller Anordnung sind, die einen häufig von der Gegenwart ablenken, wird hingegen selten erkannt.

Um sich gegen scheinbare Angriffe von außen zu schützen, kommt unserem Ego »hohe Intelligenz« sehr recht. Das stets unsichere Gedankengebilde will besser sein als andere und so für mehr Eigensicherheit sorgen. Auf der anderen Seite der intellektuellen Medaille fehlen oft Spontaneität und Leichtigkeit. »Ich muss auf der Hut sein, dass niemand schlauer, gebildeter oder erfolgreicher ist als ich.« Durch die ständige Unsicherheit, überholt zu werden, wird das Leben anstrengend und starr, doch der erreichte Status muss unbedingt erhalten bleiben.

Unter jemand anderem zu stehen, ist für das Ego unerträglich, weil es sich über gedankliche Vorstellungen definiert.

Dabei spielt auch die Anzahl der Gedankenmuster eine Rolle. Haben »meine« Gedanken in einem Streit oder einer Diskussion mehr Anteil als die Gedanken anderer, bin ich intelligenter, wichtiger und größer als sie. Dieses Gefühl verfestigt das Ego weiter und durch die zunehmende Scheinstabilität fühlt es sich weniger angreifbar: »Je mehr und schneller ich denke, desto mehr bin ich.«

So erscheint ein vielfältiger Buchstabensalat in diesem Körper, der behauptet, ein intelligentes Ich mit einem schlauen Verstand zu sein. Und nun hält sich diese kleine menschliche Intelligenz entweder für das Zentrum des Universums oder sie will die unbegreifliche Intelligenz der Ganzheit erfassen. Das ist in etwa so, als ob das kleine Zahnrad eines Uhrwerks das gesamte Uhrwerk verstehen möchte oder noch mehr: den Uhrmacher.

Der Wunsch nach mehr Intelligenz ist der Wunsch des Ego nach mehr Kontrolle. Intelligenz, wie du sie vielleicht noch definierst, ist nichts, was du erzeugen oder beeinflussen könntest, und auf dieser Ebene des Seins ist sie stets mit Individualität und einem Ich verbunden, das etwas erreichen möchte. Doch wir können persönlich nichts erschaffen, nichts erfinden und nichts erreichen. Das eine Leben wirkt durch uns, so wie der Ozean seine Wellen wirft. Und das mit einer weisen Intelligenz, die wir nicht zu verstehen brauchen.

Hier kommen wir nun zur zweiten Form von Intelligenz, der Intelligenz des Seins. Alles wird vom Sein gemacht, dazu gehören auch alle auftauchenden Gedanken und deren Reihenfolge und Qualität. Wenn menschliche Intelligenz wirklich mächtig wäre, dann versuche einmal, diesen Körper auf ewig am Leben zu erhalten oder zu verhindern, dass du geboren wirst. Das hört sich vielleicht seltsam an, aber daran kannst du erkennen, dass vor deiner Existenz als scheinbare Person eine ganz andere Intelligenz am Werk ist.

Diese Intelligenz, das Sein, ist alles, was es gibt. Es formt sämtliche Erscheinungen, kennt keinen Unterschied zwischen Innen und Außen, zwischen dir und mir, hier und dort, oder oben und unten. Die Intelligenz eines menschlichen Wesens ist nur ein winziger Bruchteil der einen großen Intelligenz, die alles macht.

Das Sein hat aber keine individuelle Wesenheit, so wie wir sie beispielsweise einem von uns getrennten Gott zuschreiben würden. Alles ist das Eine und gleichzeitig eine unbeschreibliche Intelligenz. Weisheit ist es, das zu erkennen und die Bereitschaft, sämtliche Kontrolle an das Leben abzugeben.

Gedanken und Beobachter

Setze dich für einen Moment in Ruhe hin, wo du dich wohlfühlst und ungestört bist. Nimm eine achtsame und wache Haltung ein, so wie eine Katze, die geduldig und aufmerksam vor dem Mauseloch sitzt und abwartet. Beobachte deine Gedanken, wie sie kommen und gehen und bewerte sie nicht. Sei wie ein stiller Zeuge.

Schließe die Augen und frage dich innerlich: »Woher kommen meine Gedanken?« Warte ab. Vielleicht tauchen zunächst weitere Gedanken auf. Sie sind nicht die wahre Antwort auf deine Frage. Frage dich nun: »Woher kommen diese Gedanken?« und warte wieder ab, was geschieht. Womöglich erscheint jetzt ein Moment gedankenloser Stille in dir.

Diese lebendige Stille ist die Antwort auf deine Frage. Alle Gedanken kommen aus dieser Stille. Suchst du den Denker in dir, findest du niemanden. Da ist kein kleiner Maschinist, kein Ich, das Gedanken produziert. Gedanken erscheinen, aber kein »Ich« hat sie erschaffen. Das »Ich« ist selbst nur ein Gedanke. Du bist nur ein Gedanke. Das Leben, Sein oder Bewusstsein kreiert Gedanken in dieser Körperform, für die wir uns vielleicht halten. Die Gedanken werden gemacht und erscheinen aus der Stille, ohne einen Grund, den wir kennen oder verstehen könnten.
Doch du bist nicht nur eine Kombination aus Körper und Gedanken. Du bist das, was alles erschafft, fühlt und bezeugt. Du bist das stille Bewusstsein, samt aller darin erscheinenden Inhalte.

Und diese stille Bewusstsein ist gleichzeitig auch der Beobachter der Gedanken. Wenn du einen bestimmten Satz denkst, zum Beispiel: »Die Tomate liegt auf dem Teller«, so tauchen in dir entweder dieser Satz in Buchstabenform oder vielleicht das Bild einer roten Tomate auf. Das Wahrnehmen des Auftauchens dieser Inhalte findet statt.

Du bist aber nicht nur die Inhalte, sondern auch dasjenige, das wahrnimmt.

Wenn sich die Aufmerksamkeit von den Inhalten löst und sich wieder dem stillen Beobachter zuwendet, werden viele auftauchende Inhalte nicht mehr so ernst genommen. Denn wir denken nicht nur neutrale Gedanken, wie »Die Tomate liegt auf dem Teller« oder »Draußen scheint die Sonne«, sondern es tauchen überwiegend ichbezogene Gedanken auf, wie zum Beispiel: »Ich weiß nicht, was ich tun soll«, oder »Ich muss es unbedingt schaffen.«

Diese Ich-Sätze sind genauso bedeutungslos wie der Satz mit der Tomate, allerdings üben sie auf das Bewusstsein eine viel größere Anziehungskraft aus und wirken dadurch wesentlich wichtiger und glaubwürdiger. Das Bewusstsein klebt sich mit Vorliebe auf diese Ich-Sätze, zieht sich dadurch zusammen und glaubt, nur noch dieses kleine, gedankliche Ich in Form einer Person zu sein. Das erschafft erhebliches Leid und ist das hier ablaufende Spiel des Lebens.

Richte die Aufmerksamkeit wieder auf die Aufmerksamkeit selbst, auf das Wahrnehmende, das du bist.

Vielleicht fühlt sich das zunächst etwas merkwürdig an, aber es ist möglich.

Und dann kann sich deine wahre Natur von vielen gedanklichen Vorstellungen befreien und aus dem Traum erwachen, nur ein kleines, zerbrechliches Ich zu sein.

Gedanken und Gegenwart

Wenn uns ein Mann mit einer roten Jacke auf dem Bürgersteig entgegenkommt, denken wir vielleicht: »Oh, was ist das für eine schöne, rote Jacke.« Aber wozu wird das gedacht? Die rote Jacke ist auch ohne unseren gedanklichen Kommentar rot. Doch wir Menschen sind darauf konditioniert, die Gegenwart ständig in Gedanken zu kommentieren und mit Begriffen zu versehen. Dadurch wird das Gefühl der Einheit zerrissen und in unzählige mentale Fragmente zerlegt. Schaue dich jetzt um, dort wo du dich gerade befindest und lasse deinen Blick durch die Gegend schweifen. Versuche nun, nur für ein paar Sekunden, nichts von dem, was du jetzt siehst, gedanklich mit Begriffen zu versehen. Beobachte deine Umwelt, innerlich vollkommen still.

Du wirst bemerken, dass es nicht einfach ist, die Gegenwart in geistiger Ruhe zu betrachten. Das illusionäre Ich, unser Gedankenapparat, will ständig denken, denn tut er das nicht, ist er tot. Und so hält er an seinen überflüssigen Gedanken fest, um sein Überleben zu sichern. Mit etwas Erfahrung wirst du feststellen, dass du auch ohne gedankliche Kommentare wunderbar leben kannst.

Wenn diese Übung der geistigen Stille öfter durchgeführt wird, gibt es zunächst vielleicht inneren Widerstand und ein Gefühl der Unruhe, doch mit der Zeit kann der Geist klarer werden und es wird nur noch gedacht, wenn es notwendig ist.

Ich weise an dieser Stelle noch einmal darauf hin, dass wir nichts tun können, aber wenn so getan wird, »als ob« wir etwas tun, geschieht es.

Gedanken und Emotionen

Wenn du an einen bestimmten Menschen denkst, den du kennst, kann es sein, dass sich bei dir Wohlwollen zeigt, Freude, Trauer, Ablehnung oder etwas anderes.

Meist glauben wir, dass der Gedanke an einen bestimmten Menschen Gefühle in uns auslöst, weil wir in einer bestimmten Beziehung zu ihm stehen. Manchmal erscheint es aber auch so, dass wir grundlos verstimmt sind, und wenn wir dann an jemanden oder eine Situation denken, sich die Gedanken noch vermehren und verstärken.

So scheinen sich Gedanken und Emotionen gegenseitig zu beeinflussen und zu verstärken. Doch das ist nicht so. Gedanken und Emotionen bedingen sich nicht, verstärken sich nicht und beeinflussen sich nicht, weil sie gleichzeitig (in der Dualität gibt es leider kein besseres Wort) im zeitlosen Jetzt gemacht werden.

Ich habe schon oft darauf hingewiesen, dass es weder Ursache noch Wirkung gibt, weil keine Zeit existiert. Das ist nur schwer nachzuvollziehen, denn hier auf dieser oberflächlichen Ebene des Daseins scheint alles von Zeit abhängig zu sein und von ihr beeinflusst zu werden. Das Sein ist das eine zeitlose Spiel, das man nicht objektivieren kann. Es ist nichts, das zu begreifen oder in bestimmte Kategorien zu pressen wäre. Es existiert nur das Geschehen an sich, wie ein zeit- und grenzenloses Verb. Das ist das tiefste Erkennen.

Der sogenannte Verstand, der nur aus Gedanken besteht, liebt Kompliziertheit und scheint für alles eine Begründung haben zu wollen. Eine scheinbare Person möchte etwas wissen und fühlt sich verkleinert, wenn bestimmte Gedanken wegfallen. Das illusionäre Ich besteht nur aus Gedanken, und ohne eine wuchernde Komplexität würde es in seiner Substanz schrumpfen. Die Todesangst des Ego würde noch stärker erscheinen, und so liebt es Fragen und Antworten. Auf diese Weise bleibt das Lebensspiel am Laufen.

An dieser Stelle ist es hilfreich, eine Gegenfrage zu stellen: Wer ist es, der all dies wissen will? Durch dieses Frage lenkt sich die Aufmerksamkeit auf den Fragenden oder noch besser ausgedrückt, auf das Fragende. Da ist keine Person, deshalb würde die noch exaktere Gegenfrage lauten: Was ist es, das dies wissen will?

Erkenne: Nichts bewirkt irgendetwas, denn alles wird vom Sein gemacht.

Gedanken beeinflussen

Ich empfehle das regelmäßige Sitzen in Stille. Wenn die Bereitschaft vorhanden ist, kann der Geist nach einiger Zeit zur Ruhe kommen. Das ist ein Tipp für die relative Ebene des Daseins, denn obwohl niemand in Person existiert und nichts persönlich aktiv getan wird, erfolgt ein Tun.

Obwohl in vielen Büchern zu lesen ist, dass man sein Denken beeinflussen, verbessern oder zur Ruhe bringen kann, hat das aus absoluter Sicht betrachtet nichts mit deiner wahren Natur zu tun.

Du bist nur ein Gedanke. Wie könnte ein Gedanke einen anderen Gedanken beeinflussen? Das Leben stellt den Gedankenfluss bereit und bestimmt über dessen Inhalt, Menge und Qualität. Wann und welche gedanklichen Inhalte auftauchen, hat ein »Ich« nicht in der Hand.

Etliche Inhalte scheinen einen persönlichen Ichbezug zu haben und scheinen im Körper dazu passende und überzeugende Emotionen auszulösen. Erkenne: Das »Ich« und der sogenannte Verstand sind gleichrangig, denn beides sind nur Gedanken. Der blinde Glaube des Bewusstseins an den Gedanken »Ich denke« scheint eine Aufspaltung in ein aktiv handelndes »Ich« und den passiven Inhalt, das Thema des Denkens zu erzeugen. Durch eine Personifizierung der ichbezogenen Gedanken, zusammen mit den Emotionen, wird eine persönliche Handlungsmöglichkeit vorgegaukelt. Dies erzeugt eine Spaltung des Geistes, ein illusionäres Ichgefühl, an welches das Bewusstsein für eine Weile glaubt: das Ego.

Hier liegt die Identifikation mit einer Person vor, die zu glauben scheint, dass sie etwas tun könne. Doch du kannst nichts tun, weil dort niemand ist, der etwas tun kann.

Das eine Leben (das Sein, das Bewusstsein) heftet sich für eine Zeit an eine kleine Seifenblase und glaubt, sie zu sein. Wenn dann eine Auflösung dieser Illusion erfolgt, geht das meist mit Angst und Abwehr einher. Die Seifenblase will nicht platzen – und das ist die Todesangst des Ego.

Doch wenn das illusionäre Ich stirbt, ist das nicht schlimm, weil dann gesehen wird, dass deine wahre Natur unvergänglich ist. Du, das, was du in Wahrheit bist, bist unsterblich. Und eine persönliche Bezeichnung ist hier nicht einmal nötig, weil das Sein alles ist und ohne eine persönliche Eigenschaft funktioniert.

Plötzlich warst du auf dieser Welt und nun willst du irgendetwas beeinflussen? Kannst du beeinflussen, wann dieser Körper wieder zerfällt oder das Bewusstsein sich wieder zurückzieht und gar nichts mehr ist? Es ist ein kosmischer Witz, den das eine Leben selbst erschaffen hat und auf den es selbst immer wieder hereinfällt.

Gedanken kommen und gehen, und wenn es keine Gedanken gibt, gibt es auch kein Ich, sondern das Leben findet ungefiltert statt. Alles geschieht, wie es geschieht und du kannst nichts tun.

Das alles ist das große Spiel. Vielleicht gibt es ein durchdringendes Erkennen dieses Spiels und es taucht ein Gefühl von Freiheit auf, weil die Last entfällt, etwas tun zu müssen. Das zwanghafte Denken löst sich auf, es herrscht angenehme Stille und Sein geschieht in diesem Moment. Gedanken werden zur Ruhe gebracht oder auch nicht. Aber ein »Ich« ist nicht daran beteiligt.

2. Emotionen und Gefühle

Warum wir Angst haben

Angst ist eines der größten und einflussreichsten Menschheitsthemen. Um die Ursache von Angst besser verstehen zu können, unterteile ich dieses Thema in fünf Elemente.

Im folgenden Modell beginnen wir bei der Geburt des Menschen. Weitere Aspekte, wie beispielsweise eine vorgeburtliche Traumatisierung oder schwere pathologische Angststörungen lasse ich bewusst weg, da ich hierfür kein Experte bin.

Denke bitte beim Lesen der folgenden Worte daran, dass es weder Vergangenheit noch Zukunft gibt und deshalb nichts geschieht. Aber auf dieser Ebene scheint es so zu sein, und von hier aus betrachtet biete ich mit dem folgenden Text eine ausführliche Erklärung an.

1. Die Urangst der Trennung

Die Angst des Menschen beginnt bei der Geburt. Im Bauch der Mutter fühlt sich das Kind noch wohl und geborgen, und dann beginnt der Geburtsvorgang, meist mit Schmerzen verbunden. Wenn alles gut geht, ist der Schmerz bald vergessen und alle sind glücklich.

Das neugeborene Kind weiß nicht, dass schon bald ein Gefühl der Trennung einsetzen und in seinem zukünftigen Leben für Probleme sorgen wird. Noch kann das Kind nicht zwischen hier und dort, innen und außen, sich und den anderen, unterscheiden. Dass es die sichere Einheit, aus der es stammt, bereits verlassen hat, ahnt es nicht. Ruhig an der Mutterbrust liegend, fühlt es sich geborgen wie vor der Geburt.

Doch wenn die Mutter das Kind zum ersten Mal länger in seiner Wiege allein lässt, spürt es die Veränderung. Die daraus folgende Verunsicherung verursacht Angst, und das Kind will die Mutter durch sein Schreien zurückholen. Das Gefühl der Einheit und der Sicherheit soll wieder hergestellt werden.

An das erste Geschehen dieser Art können wir uns wahrscheinlich nicht mehr erinnern, denn zu diesem

Zeitpunkt lagen wir noch in der Wiege. Vielleicht schauten unsere Eltern zu uns hinab und nannten unseren Vornamen. Als kleines Kind wussten wir nicht, was die Eltern uns sagen wollten, denn gedankliche Konzepte von »du und ich«, »mir und den anderen«, waren noch nicht etabliert. Doch irgendwann geschah das Unausweichliche und uns wurde klar: »Ich bin mit dem Namen und dem Fingerzeig gemeint. Ich soll das sein.«

Plötzlich zog sich die noch eben verspürte unendliche Weite der Einheit zusammen auf ein kleines Wesen aus Fleisch und Blut. Waren wir vorher noch eins mit allem und hatten das Gefühl von Geborgenheit, wurde es jetzt eng für uns. Durch das einsetzende Gefühl, nur noch dieser kleine Körper zu sein, entstand eine Abgrenzung zwischen »mir« und »dem Anderen«. Das ehemals Vertraute, das stets zu uns gehört hatte, wurde mit einem Mal fremd, übergroß, unkontrollierbar und bedrohlich.

»Ich bin angreifbar geworden.«

Dieses neue Empfinden ist das einschneidenste Ereignis im menschlichen Dasein, denn es erzeugt das erste und stärkste Gefühl von Lebensangst –

die Urangst der Trennung. Das junge menschliche Wesen fühlt sich aus der liebevollen Einheit des Lebens herausgerissen und hineingeschleudert in eine unbekannte, gefährliche Welt. Was einst mein Nest der Geborgenheit war, wird nun anscheinend zu meinem größten Gegner: das Leben.

Als Reaktion darauf wird schnell ein Sicherheitssystem eingerichtet, das zukünftig vor der Angst machenden und scheinbar bedrohlichen Welt schützen soll. Dafür muss alles, was ich nicht kenne, in dieses System integriert werden, damit es mir wieder vertraut vorkommt und ich es kontrollieren kann. So entstehen der Verstand und das Lernen. Das, was ich vorher als Einheit empfunden hatte, wird durch Begriffe und gedankliche Konzepte in Einzelteile zerlegt. Jede Erscheinung, jedes Ding erhält ein Etikett, seinen Namen.

Ein komplexes System trügerischer Sicherheit wird erzeugt, durch das ich glaube, alles zu kennen, einordnen und bewerten zu können. Nun brauche ich vor dem Leben und der Welt nicht mehr so viel Angst zu haben, denn je nach Situation kann ich das passende gedankliche Konzept hervorholen, es anwenden und mich gegebenenfalls damit verteidigen.

Doch schon bald tritt etwas ein, das nicht verhindert werden kann: Mein Kontroll- und Schutzsystem erweist sich trotz aller Bemühungen als empfindlich und durchlässig. Die Angst, von der Welt angegriffen zu werden und mich in ihr zu verlieren, bleibt bestehen und wird im Laufe der Zeit noch größer. Aus dem Mechanismus des Verstandes entwickelt sich nun etwas mit den Eigenschaften eines eigenständigen Wesens, das sich in der bedrohlich wirkenden Welt behaupten muss: das Ego.

2. Die Angst des Ego vor weiterem Angriff

Das Ego, welches nur aus gedanklichen und gefühlten Mustern besteht, lebt in ständiger Angst, weil es sehr wacklig und vergänglich ist. Es fühlt sich angreifbar, weil es sich mit den auftauchenden Gedanken vollständig identifiziert. Das bedeutet, es hält sich für diese Gedanken. Anders ausgedrückt, das Ego hat keine eigene Persönlichkeit und es ist keine Persönlichkeit. Es besteht nur aus Gedanken. Diese Worte gilt es vollständig zu erfassen.

Wenn du dich mit deinen Gedanken identifizierst, jemand anderes dir aber seine Gedankenformen nahebringen will, entsteht Anspannung in dir. Was du denkst, soll in dieser Situation durch die Gedanken einer anderen Person ersetzt oder ergänzt werden. Deshalb fühlt es sich für dich so an, als ob du selbst ersetzt oder ergänzt werden sollst.

Deshalb empfindest du Machtlosigkeit und wirst vielleicht ängstlich und ärgerlich, weil die Angst deines Ego vor Auslöschung die Kontrolle übernimmt. Von solchen unbewussten Reaktionsmustern beeinflusst, kann man nicht selbstsicher handeln.

3. Die Angst des Ego vor Verlust

Ständig glauben wir, dass uns im Leben etwas fehlt, und wir machen uns auf die Suche, um diesen Verlust auszugleichen. Hervorgerufen wird unser Mangelgefühl durch den Verlust des Gefühls der Einheit im frühen Kindesalter und durch unsere Konditionierung, im jetzigen Moment nicht bewusst leben zu können.

Als wir kleine Kinder waren, fehlte uns nichts. Mit dem sicheren Gefühl, eins zu sein, kann einem nichts fehlen, denn alles, was das Leben an Fülle bietet, empfindet man als sich selbst. Erst wenn der Irrglaube in das junge menschliche Wesen einzieht, nur noch ein kleiner Körper zu sein, fehlt es plötzlich an allen Ecken und Enden. Sofort beginnt dann die Suche nach Sicherheit und Geborgenheit, denn fehlen sie, fühlt man sich vom Leben bedroht.

Auch heute suchen wir noch nach Sicherheit, Geborgenheit und befriedigenden Dingen, finden aber höchstens trügerische Abbilder, weil wir nicht an der richtigen Stelle nachschauen. Wenn wir Angst haben und noch genug Energie zum Handeln vorhanden ist, hoffen wir auf eine Zukunft, die uns Linderung bringt.

Wir vergleichen eine gemachte Erfahrung mit einer vorgestellten Zukunftsvision und leiten daraus einen Handlungsplan ab. Obwohl sich unsere Gedanken hauptsächlich auf Vergangenheit und Zukunft beziehen, auf etwas, das nicht existiert, erzeugen sie das Gefühl einer realen Identität – das Gefühl eines Ichs. Scheinbar spannen die Gedanken eine Art Oberflächenfeld auf, das sich von einer imaginären Vergangenheit in eine imaginäre Zukunft ausbreitet. Hierdurch entsteht das Gefühl eines Zeitablaufs, in dem ein illusionäres Ich existieren und Erfahrungen sammeln kann. Deshalb glauben wir unserem inneren Geschichtenerzähler. Wir lauschen auf seine leeren Versprechungen eines erfüllten Daseins in der

Zukunft oder wir denken oft an unsere Vergangenheit und wünschten, sie wäre anders verlaufen.

Im Gegensatz dazu enthält die Gegenwart nichts, das unser falsches Selbstbild unterstützt. Sie benötigt keine Geschichten oder Pläne, und das verunsichert uns. Hier und jetzt scheint dadurch etwas zu fehlen, nämlich der Hauptbestandteil unseres illusionären Ichs (Vergangenheit und Zukunft). Wir wollen diesen scheinbaren Mangel beheben und halten deshalb lieber an unseren vertrauten gedanklichen Illusionen fest, anstatt sie vorbeiziehen zu lassen und uns der Gegenwart zu öffnen. Doch weil die Zukunft nicht vorhersehbar und dadurch nicht sicher ist, leben wir weiter in Angst, anstatt in Liebe zur Gegenwärtigkeit.

4. Die Angst vor Illusionen

Es existieren Formen von unbewusstem Dasein, in denen ein starkes Spannungsverhältnis zwischen dem jetzigen Moment und den dazu auftauchenden Gedanken herrscht. Die Diskrepanz zwischen innen und außen kann so groß werden, dass Verstand und Körper mit der vorliegenden Situation nicht mehr angemessen umgehen können und starke Angstreaktionen auftauchen.

Die meisten Menschen wollen alles begreifen, einordnen und kontrollieren, um sich sicher zu fühlen. Doch plötzlich geraten sie, meist scheinbar ausgelöst durch eine äußere Situation, in eine Lage, wo die Kontrolle durch ihre verzerrte Gedankenwelt nicht mehr funktioniert. Die Wirklichkeit der Gegenwart lässt sich nicht durch anderslautende Gedanken verbiegen, und es entsteht ein inneres Spannungsfeld zwischen innerer und äußerer Wirklichkeit. Nun reagiert der Mensch mit Ängsten und Phobien.

Angenommen, du sitzt gemütlich im Wohnzimmer und liest ein Buch. Plötzlich siehst du aus den Augenwinkeln, dass sich etwas auf der Nebenwand bewegt. Du wendest den Kopf und entdeckst eine mittelgroße, schwarze Spinne. Du schreist vielleicht kurz auf und hast sofort den Impuls, von dieser vermeintlichen Gefahrenquelle abzurücken. Oder du starrst die Spinne wie gelähmt an.

So sieht häufig die Reaktion eines Phobikers aus, der wie hier an einer Spinnenphobie leidet. Die Angstreaktion entsteht aber nicht nur durch das Entdecken der Spinne. Parallel dazu läuft ein unbewusstes Denkmuster ab, das etwas anderes als die Ist-Situation präsentiert.

Die Spinne zu sehen, ist an sich nicht furchterregend, denn die Spinne sitzt an der Wand und du auf dem Sofa. Der Gedanke, der gleichzeitig dazu abläuft, sieht allerdings vollkommen anders aus: »Die Spinne wird mir zu nahe kommen, mich angreifen und wahrscheinlich töten und verschlingen.« Dieses Angst einflößende Muster bekommst du aber nicht mit, da es unter der Oberfläche deines Bewusstseins abläuft und dort seine ungesunde Wirkung verrichtet.

Bei dir schaltet sich ein unbewusster Mechanismus ein, der deine übermäßige Abwehrreaktion verursacht. Das Ego verknüpft sofort das Tier an der Wand mit den Begriffen »Angriff«, »Auffressen« und »Tod«. Dein Verstand erschafft so eine Spaltung, indem er Bilder und Emotionen erzeugt, die der tatsächlichen Situation nicht entsprechen. Häufige physische und psychische Reaktionen auf diese Illusion sind Unruhe und Schweißausbrüche, bis hin zu Angst und Panikattacken.

Als Erste Hilfe in einer solchen Situation sage laut: »Ich werde das hier überleben.«

Durch diesen Satz erinnert sich das Leben an seine wahre Natur und möglicherweise erkennst du dann, dass der Verstand dir einen Streich spielt.

Das ist ein erster Schritt zur Integration der ungesunden Angstreaktion, hier zur Auflösung der Phobie. Als hilfreich hat sich der absichtliche Umgang mit Angst auslösenden Situationen erwiesen, die sogenannte Desensibilisierung. Setzt du dich unter Anleitung der Gegenwart einer Spinne aus, lernst du durch neue Erfahrungen, dass du nicht umgebracht wirst. Vielleicht wendest du dich in dieser Angelegenheit an eine Fachperson, die dir weiterhilft.

Im Gegensatz zu den ungesunden Reaktionen bei einer Phobie gibt es natürliche und erwünschte Reaktionen, wie den Flucht- und Kampfreflex, die von der Natur eingerichtet wurden, um vor echten Gefahren zu schützen. Sollte ein Tiger auf deinem Bett sitzen, folge lieber dem gesunden Impuls, dich zurückzuziehen, anstatt zu rufen: »Hey Tiger, komm her. Ich weiß, dass du nicht existierst und mir deshalb nichts tun kannst!«

Bei dem Vorhandensein von Phobien wurden diese natürlichen und notwendigen Überlebensreflexe irgendwann in falscher Weise mit Situationen verknüpft, die keine echte Gefahr darstellen. Jetzt wird klar, warum der Körper, zum Beispiel beim Anblick einer Spinne, mit übermäßiger Angst reagiert.

Wenn du erkennst, wie dein Verstand arbeitet, und sein Gerede und die damit verbundenen Emotionen und Körperreaktionen nicht mehr beachtest, lösen sich die falschen Verknüpfungen auf, und du brauchst dich nicht mehr zu fürchten.

Es gibt noch einen weiteren Aspekt, der bei den Themen Angst und Angststörungen eine große Rolle spielt:

5. Die Angst vor dem Tod

Sind wir nervös, haben wir Angst. Liegen wir im Streit, haben wir Angst. Wollen wir in einer wichtigen Situation für uns einstehen, haben wir Angst. Es ist immer die Todesangst des Ego, die in verschiedenen Verkleidungen und Intensitäten auftaucht.

Zusätzlich zur Identifikation mit dem Gedankengebilde »Ich« besteht eine innige Verbundenheit zu unserem Körper und das Wissen um seine Vergänglichkeit. Diese Abhängigkeiten verstärken unsere Furcht vor dem Tod in hohem Maß.

Manchmal geht es uns schlecht, weil wir nicht wissen, was uns nach unserem vermeintlichen Tod erwartet. Insgeheim hält sich das Ego für unwürdig, die »göttliche« Erlösung verdient zu haben, weil es anscheinend mit der wahren Natur – dem Sein selbst – im Streit liegt. Trotzdem hoffen wir angespannt, dass wir nach unserem Ableben nicht in das ewige Verderben hinunter gerissen werden.

Das, was wir Erlösung nennen, verursacht gleichzeitig bei uns Angst, denn Erlösung und Tod bedeuten in unserem Denksystem dasselbe. Das Leben, unsere wahre Natur, erscheint uns häufig wie ein bedrohliches Szenario. Deshalb hoffen wir wenigstens auf eine 50:50-Chance, nach unserem vermeintlichen Tod in ein unbeschwertes Dasein überzugehen. Wir wollen unsere Angst vor dem Leben gegen unsere Angst vor dem Tod eintauschen.

Hier liegt eine Art Irrsinn vor, der sich hinter einem vom Ego gesteuerten Glauben verbirgt. Der Glaube an einen von uns getrennten Gott kann uns in einem Leben gefangen halten, das aus Hoffnung und gleichviel Furcht besteht. Ist dir schon aufgefallen, dass Hoffnung ein trügerisches Wort ist, weil es die Befürchtung enthält, dass sich eben diese Hoffnung nicht erfüllt? Wenn Hoffnung ohne Angst daherkäme, hieße sie Zuversicht.

Ohne es zu bemerken, wurden viele Menschen durch ihre Religion regelrecht traumatisiert und halten diesen Zustand für normal oder sogar erstrebenswert. Und in ihren Augen ist ihr Glaube das einzig Wahre. Doch durch diese Abgrenzung werden Angst und trennendes Denken gefördert und wahre Verbundenheit verhindert. An durch Institutionen vorgegebene Glaubenssätze gebunden zu sein, bedeutet, an das verrückte kollektive Ego gebunden zu sein, das Einheit als Bedrohung betrachtet.

In anderen Worten, das Ego hat Angst vor der verbindenden Kraft der Liebe, dem Einzigen, was die Angst dauerhaft beseitigen kann. Es ist wie ein absurder Teufelskreis, der erst beim Durchschauen der Illusion vollständig durchbrochen werden kann.

Bei einem Angstanfall ist die Todesangst (= Lebensangst) des illusionären Ichs im Spiel. Doch das, was du wirklich bist, kann nicht sterben. Du bist das Leben selbst. Das, was du zurzeit, wahrscheinlich unbewusst, noch fürchtest und ablehnst, ist dein einzig wirklicher und beständiger Hafen des Friedens.

Häufig liegt eine gedankliche Verwechslung vor, die behauptet, dass Tod das Gegenteil von Leben sei. Aber Tod ist nicht das Gegenteil von Leben, weil

Leben kein Gegenteil hat. Tod ist das Gegenteil von Geburt.

Innerhalb des einen Lebens erscheinen viele Formen. Sie werden geboren und sterben innerhalb des einen Lebens, das unsterblich ist. Du bist nicht eine Form, die kommt und geht, sondern du bist das Sein, das alle Formen erschafft. Doch wenn der Nebel einer scheinbaren Person das Licht deiner wahren Natur verdeckt, kann die eigene Unsterblichkeit weder erkannt noch gefühlt werden.

Die eine Essenz ist liebevoll, und du bist die Liebe selbst. Ist sie verschleiert, resultiert daraus Angst. Angst ist die Abwesenheit von Liebe, so wie Dunkelheit einfach nur die Abwesenheit von Licht ist. Das Licht ist aber nicht vollkommen verschwunden oder verloren, es ist nur verdeckt und kann wieder aufgedeckt werden.

Allen Ängsten liegt die Fehlidentifikation mit einem scheinbar vorhandenen, angreifbaren und sterblichen Ich zugrunde. Doch du brauchst dich nicht zu fürchten, weil du das unsterbliche Leben bist.

Wenn Angst kommt, weiche ihr nicht aus, dränge sie nicht weg, sondern gehe mitten durch sie hindurch, indem du sie fühlst. Mache nichts mit der Angst, sondern beobachte sie mit spielerischem Interesse. Du wirst nicht daran sterben, denn du bist unsterblich. Vielleicht stirbt die Identifikation mit dem illusionären Ich – dem Ego. Aber das ist nicht schlimm, im Gegenteil, denn dann brauchst du diese Zeilen nicht mehr weiter zu lesen und kannst stattdessen einen Kaffee trinken gehen. Egal was passiert, und ob der Kaffee schmeckt oder nicht: Das Leben, das du bist, lebt weiter.

(Bei allen Angststörungen, die dein Leben stark beeinflussen, empfehle ich die Konsultation einer weltlichen, ganzheitlichen Fachperson, die dir weiterhilft und nicht das Verstecken hinter einer spirituellen Vorstellung, die »schon alles richten wird«.)

Das beste Mittel gegen Lampenfieber

Eine Umfrage hat ergeben, dass Menschen mehr Angst davor haben, einen Vortrag vor Publikum zu halten, als vor dem eigenen Tod.

Während eines Vortrags kann aus Sicht des Ego die schlimmste Situation eintreffen. Vor dem Publikum werden eigene Gedanken und Vorstellungen preisgegeben, also das, für was wir uns halten. Wir identifizieren uns mit der präsentierten Geschichte und die kann durch Zuschauerkritik angegriffen und aufgelöst werden. Passiert das, bekommt das Ego Angst, denn damit läuft es Gefahr, angegriffen zu werden. Dass es sich hierbei um Todesangst handelt, ist uns in dieser Situation nicht klar. Vielleicht bezeichnen wir sie eher als »Lampenfieber«.

Unser eigener Tod kommt uns weniger bedrohlich vor als die Situation während eines Vortrags, weil der Tod noch in weiter Ferne liegt und dadurch etwas Abstraktes bekommt. Wir wissen nicht, wann er uns ereilt, und so erscheint er uns Moment nicht so gefährlich. Zudem betrachtet unser Ego den Tod, zumindest oberflächlich, als Erlösung aus dem Konflikt des Lebens. Bei einem Vortrag treffen wir hingegen vorhersehbar auf eine Angst einflößende

Situation und erleben sie dort, wenn der Vortrag schlecht läuft, als das Gefühl, angegriffen und kritisiert zu werden. Und danach müssen wir mit dieser Erfahrung weiterleben.

Ein praktischer Tipp lautet, vor einem Vortrag folgende innere Haltung zu entwickeln:

»Ich habe richtig Lust auf das, was vor mir liegt.«

Das beste Mittel gegen Angst und Lampenfieber vor einem Vortrag, das ich kenne und selbst ständig im Gewahrsein trage, ist die Erkenntnis:

»Ich bin unsterblich und werde das hier überleben.«

Vor jedem Vortrag, den ich halte, taucht dieser Satz automatisch im Gewahrsein auf, denn er drückt die tiefste Wahrheit aus. Das Sein spricht mit sich selbst und hört sich zu. Es erkennt Wahrheit und kann, auch wenn alle Worte aus dem Bereich der Dualität stammen, zwischen einer illusionären Aussage und einer wahrhaftigen Aussage unterscheiden.

In einem solchen Moment scheint das Licht des Bewusstseins stärker durch und Angst oder Lampenfieber des Ego werden ersetzt durch das Erkennen der eigenen Natur. Diese Natur kann man mit dem Wort »Liebe« beschreiben. Und wo Liebe ist, hat Angst keinen Platz, so wie Licht die Dunkelheit hinwegleuchtet.

Nach dem Erwachen

Bevor die Illusion über das Vorhandensein eines Ichs zerbrach, tauchten bei der »Person Dirk Hessel« Gefühle wie Trauer, Freude, Ärger, Gelassenheit, Angst, Zuversicht usw. in üblicher Weise auf. Scheinbar durch äußere Anlässe verursacht, waren verschiedene Gefühlszustände vorhanden, die sich jeweils relativ lange hielten. Wenn Groll da war, zog er sich manchmal über mehrere Stunden hin, auch wenn die Stärke wieder abnahm und man schließlich nur noch von leichter Gereiztheit sprechen konnte.

Anscheinend lief währenddessen ein gedankliches Muster ab, das besagte: »Man kann immer nur einen Gefühlszustand für längere Zeit haben, denn alles andere ist verrückt.« Der natürliche Seinszustand war vernebelt durch die Identifikation mit vorhandenen Gedanken- und Gefühlsgebilden und einem weiteren Glaubensmuster, das einem vorzuschreiben schien, was die richtige Weise sei, zu fühlen. Hier war wieder das scheinbare Ich am Werk, das über alles die Kontrolle behalten wollte.

Für ein Dasein in Frieden ist es hilfreich, wenn alle Gefühle frei fließen können und akzeptiert werden. Das Gefühlsleben eines Menschen mit voller Verbindung zu seinem wahren Selbst gleicht einem bunten Blumenstrauß. Verschiedene Gefühle erscheinen ohne ersichtlichen Grund im stetigen Wechsel und werden weder unterdrückt noch beurteilt.

In diesem Zustand kann man natürlicher und freier sein: Sei fröhlich, wenn du fröhlich bist, sei traurig, wenn du traurig bist, und sei wütend, wenn du wütend bist. Traue dich, in diese Gefühle einzutauchen und sie vollständig zu fühlen. Agiere sie nicht aus und tue nichts mit ihnen. Sei still und achtsam und die Gefühlswellen werden wieder vergehen. Durch erhöhte Achtsamkeit wird das Innenleben ausgeglichener und Wut oder Trauer erscheinen deutlich seltener.

Hier ist jetzt viel Gelassenheit und Fröhlichkeit anwesend. Andere Gefühle tauchen weiterhin auf und sie sind ständig begleitet von einem dahinterliegenden Frieden, der manchmal stärker und manchmal weniger stark durchscheint. Das eigene Innenleben wird beobachtet, und häufig wird gelacht, weil gesehen wird, welch gedanklicher Unsinn gelegentlich noch auftaucht.

Die Gedanken sind Bestandteil des Seins. Trotzdem gibt es anscheinend innerhalb des Lebensspiels eine Regel, die lautet, dass Gedanken weniger werden, sobald das illusionäre Ich durchschaut ist.
Hier ist es genauso. Es wird viel weniger gedacht und die Gedanken, die noch auftauchen, haben eine gewisse Qualität. Man kann es sich so vorstellen, dass geistig entrümpelt wurde und nun überwiegend nur noch das auftaucht, was für ein bewusstes Dasein benötigt wird. Der sogenannte Verstand findet nur noch Verwendung, wenn es erforderlich ist. Das übermäßige, zwanghafte Denken und die laute Übermacht des Ego sind verschwunden.

Hier und da wird man vergesslicher, weil Unwichtiges nicht mehr festgehalten wird und sich auflöst. Das Leben wird meist spielerisch betrachtet, vieles entfaltet sich in Leichtigkeit, und Unterstützung erscheint auf geniale Weise.

Bedingungslose Liebe fühlen

Zunächst ist es vielleicht hilfreich zu erkennen, dass bedingungslose Liebe nicht etwas ist, das du erlangen oder von jemandem anderen bekommen kannst. Bedingungslose Liebe ist das, was du in deiner Essenz bist.

Deiner wahren Natur kann weder etwas weggenommen noch etwas hinzugefügt werden. Sie ist unangreifbar und unsterblich. Wenn alle Wünsche, Begierden und das Streben nach dem Einssein wegfallen, erscheint das, was du vielleicht schon lange suchst.

Bedingungslose Liebe ist das Erkennen des Einsseins in allem und das Annehmen dessen, was jetzt ist. Ist die bedingungslose Liebe von allen Forderungen befreit, fühlt sie sich selbst als alles. Die klare Präsenz ist der Urgrund aller Erscheinungen, das Wesen des Bewusstseins und Selbsterkenntnis jenseits aller Formen. DAS fühlt sich als Liebe, weil ES Liebe ist.

Im Alltag wird von bedingungsloser Liebe meist in Bezug auf andere Personen gesprochen. Vielleicht ist es so, dass dir Menschen begegnen, wo du weniger Liebe spürst, vielleicht Ablehnung, Wut oder sogar

Hass. Und nun fragst du dich womöglich, wieso du nicht alle Menschen bedingungslos lieben kannst oder wenigstens die in deinem nächsten Umfeld.

Wenn du den Wunsch hast, bedingungslose Liebe zu fühlen, es ist nicht unbedingt der richtige Weg, deine Achtsamkeit auf andere Menschen zu richten, denn sobald du einen Wunsch hast, lenkt er dich vom Erkennen deiner wahren Natur ab. In einem solchen Fall würdest du die bedingungslose Liebe im Außen suchen, anstatt nach innen zu schauen und zum fühlenden Erkennen zu gelangen.

Auf dieser Ebene des Daseins benötigen die Menschen etwas voneinander, weil sie glauben, voneinander getrennte Individuen zu sein. Man fühlt sich nicht vollständig, etwas scheint zu fehlen, und deshalb wird Liebe mit Brauchen verwechselt, selbst wenn es auf einem scheinbar hohen Niveau stattfindet, mit nobelsten Ansprüchen und Vorsätzen versehen. Aber bedingungslose Liebe, das, was du in Wahrheit bist, hat keine Bedürfnisse. Sie ist einfach.

Das eine Leben ist für eine scheinbare Zeitspanne von seiner eigenen Erfindung, dem Gedanken der Trennung, fasziniert. Doch wenn die Ablenkungen weniger werden, erscheint die wahre Natur als sich selbst und fühlt sich als bedingungslose Liebe. Dann ist alles, wie es ist, und es wird akzeptiert und willkommen geheißen. Das ist bedingungslose Liebe, und nur das Durchschauen des trügerischen Innenlebens ist dafür vonnöten.

Vergebung praktizieren

Das Ego definiert sich über auftauchende Gedanken- und Gefühlsmuster, weil es nur daraus besteht. Doch Gedanken sind nur Formen, die kommen und gehen, sie sind vergänglich.

Deshalb sammelt das illusionäre Ich möglichst viele Gedankenformen an und baut daraus ein kompliziertes und wahnsinniges, aber in sich schlüssiges System auf. »Je größer dieses System desto besser, denn je mehr ich denke umso mehr bin ich.«

Da aber alle Gedankenformen flüchtig sind, lebt es in ständiger Vernichtungsangst, die sich auf unterschiedliche Weise ausdrückt. Wut, Angst oder auch nur eine leichte Gereiztheit sind schon Hinweise auf die Todesangst des Ichs, das nichts mehr ist als eine illusionäre Seifenblase.

Wenn in diesem Gedankenapparat ein Gedanke ersetzt werden soll, dann fühlt es sich für das Ego so an, als ob ein Teil von ihm ersetzt werden soll. »Es tut mir leid« zu sagen bedeutet, einen Teil des eigenen Gedankenguts aufzugeben, um dafür etwas anderes zwangsweise zu übernehmen. Für das sich stets bedroht fühlende Ego ist das deshalb eine Verkleinerung, die es unbedingt abzuwehren gilt. Es ist so, als ob dir ein Arm abgeschnitten werden soll.

Aus Sicht des illusionären Ichs ist diese Angst verständlich, doch der Irrtum liegt in der Annahme, dass die wahre Natur sterben kann. Das eine Leben verwechselt sich für eine Weile mit einer kleinen, angreifbaren Person, und hat Angst vor dem Tod.

In gewisser Weise ist das nachvollziehbar, weil alle Formen geboren werden und wieder sterben. Aber wenn die Menschen erkennen würden, dass sie etwas vollkommen anderes sind als das, für was sie sich halten, würde es ihnen leichter fallen, um Verzeihung zu bitten oder sich zu entschuldigen. Ein Seifenblasen-Ich kann das aber nicht, weil es normalerweise nicht sterben will.

Manchmal wird das persönliche Leid so groß, dass das Ego aufgibt und bereit ist, zu sterben. Wenn kein Suizid erfolgt, kann die Schale des Ego aufbrechen und erkannt werden, dass die wahre Natur nicht bedroht werden kann, weil sie unsterblich ist. Wenn dann weitere sogenannte Irrtümer und Fehler im persönlichen Leben geschehen, wird das nicht mehr so ernst genommen, und ohne Angst vor Verlusten oder dem Tod kannst du sagen: »Es tut mir leid.« Diese Erklärung bezieht sich aber nur auf eine Seite der Medaille, denn es gibt noch eine Sache, die hier betrachtet werden muss:

Warum verlangst du, dass jemand zu dir sagt: »Es tut mir leid«?
Diese Erwartungshaltung entstammt der falschen Überzeugung, dass dir etwas angetan wurde und du nun dafür eine Entschuldigung verdienst. Doch es gibt keinen anderen, der dir jemals etwas angetan hat, weil es weder Zeit noch »andere« gibt. Du lebst in einer Illusion, die behauptet, dass Trennung und das daraus resultierende Leid existieren.

Beide Seiten in einem Streit, die voneinander Wiedergutmachung verlangen, leben in der gleichen Illusion eines getrennten Ichs.

Von Außen betrachtet scheint es vielleicht so zu sein, als ob jemand im Recht ist. Doch hier stehen sich nur zwei Egos gegenüber, die Angst vor ihrer Verkleinerung haben. Der geistige Standpunkt muss unbedingt beibehalten werden, weil sonst der Tod durch Gedankenreduktion erfolgt.

Daher ist »Ich habe recht« das Hauptmotto des Ego. Aber weder hast du recht noch hat der andere unrecht. Selbstverständlich sind wir manchmal Situationen im Leben ausgesetzt, in denen scheinbar großes Unrecht oder sogar Gewalt geschehen. Körper und Geist sind traumatisiert, und vielleicht ist kaum noch Lebensfreude vorhanden.

Hier wäre es nicht hilfreich, diese Themen zu ignorieren, obwohl die Erkenntnis vorhanden ist, dass es keine Vergangenheit gibt. Solange in der scheinbar existierenden Person noch leidvolle Gedanken und Gefühle auftauchen, ist auch die leidvolle Identifikation mit einer vermeintlichen Lebensgeschichte vorhanden. Dieses Geschehen wirkt so zwingend wahr, dass ich ein paar Worte dazu sagen möchte.

Solltest du viel Leid erfahren haben, empfehle ich dir eine Auseinandersetzung mit den damit verbundenen Gefühlen. Vielleicht wendest du dich an eine Therapeutin oder an einen Therapeuten, die sich mit der Aufarbeitung und Integration starker Traumata auskennen. Falls du dir einen spirituellen

Weg wünschst, ist innere Vorarbeit Voraussetzung für dessen Erfolg.

Manchmal ist das persönliche Leid so groß, dass die Illusion des Ego spontan zerbricht und in sich zusammenfällt wie ein Häufchen Staub. Darauf würde ich allerdings nicht setzen, denn das sogenannte Erwachen auf diese Weise ist Gnade und geschieht relativ selten.

Ein spiritueller Weg kann eine verantwortungsvolle therapeutische Arbeit nicht ersetzen! Ohne sie wirst du dich blockieren, denn solange die verdrängten Gefühle wieder auftauchen, werden sie dein Lebensgefühl und deinen Lebensweg erheblich beeinträchtigen. Deshalb kümmere dich bitte auf dieser Ebene des Daseins weise und auf geeignete Weise um dein Wohlergehen.

Wenn wir nun zur Sichtweise der absoluten Ebene zurückkehren, bleiben alle leidvollen Geschichten nur im Jetzt erscheinende Gedankenmuster, die uns etwas einreden wollen. Sie haben mit der Wirklichkeit unserer Natur nichts zu tun.

Erwarte nicht, dass sich jemand bei dir entschuldigt, sondern erkenne, dass da niemand in Person ist, der jemals etwas angerichtet hat. Sei bereit, dein wahres Wesen zu erkennen. So gelangst du zur Vergebung und zur Einsicht, dass sogar Vergebung ein unnötiges Konzept ist, weil niemand in Person existiert, dem man vergeben muss. Alles ist eins und Trennung existiert nicht.

Achte in einer konkreten Situation darauf, dass durch eine neue, noble Haltung keine Arroganz entsteht, nach dem Motto »Ich habe ihm vergeben, kein Problem, ich stehe über den Dingen«. Es ist kein Ich anwesend, das besser sein könnte als ein anderes Ich. Das Ich, das etwas erwartet, ist nur ein Gedanke, der im Bewusstseinsfeld erscheint. Er kommt und geht und hat deshalb keine dauerhafte Substanz.

Erwarte und fordere nichts, vergib dir und allen sogenannten Anderen, dass ihr auf die Illusion der Trennung hereingefallen seid, und seid frei.

Selbstmitleid auflösen

Selbstmitleid setzt sich zusammen aus Groll über die Vergangenheit, dem Nicht-Akzeptieren dessen, was jetzt ist und aus Sorgen über die Zukunft. Ein Gedanke taucht auf und behauptet, dass es dir aus diesem oder jenem Grund schlecht geht. Vielleicht sagt der Gedanke: »Niemand sieht mich.« Und in gewisser Weise stimmt das auch, denn dieser Gedanke taucht in deinem Gewahrseinsfeld auf und wird nur von dir gesehen, dem Einzigen, das existiert.

Sich selbst zu bemitleiden, ist eine weitere Variante des tiefen Glaubens an die Trennung. Die Person, für die du dich hältst, fühlt sich missverstanden, ungerecht behandelt, nicht geliebt und vielleicht auch nicht erwünscht. Die Dinge laufen nicht so, wie du es dir vorstellst und das erzeugt in dir einen Schmerz.

Doch hier unterliegst du einem großen Irrtum, weil alles nur so sein kann, wie es bereits ist. Die Wirklichkeit der Gegenwart lässt sich nicht durch anderslautende Gedanken verbiegen.

Häufig befinden wir uns in Situationen, die uns unangenehm sind. Ein praktischer Tipp lautet: Verändere die Situation, wenn du kannst oder verlasse sie. Wenn auch das nicht möglich ist, akzeptiere sie voll und ganz, wie sie ist.

Wenn du eine vorhandene Situation nicht ändern kannst und dazu noch leidvolle Gedanken erscheinen, vervielfacht sich die seelische Last. Häufig ist nicht die Situation verantwortlich für das persönliche Leid, sondern die falsche Überzeugung, die Situation müsse anders sein. So entsteht ein innerer Spagat zwischen deiner Gedankenwelt und der im Außen erscheinenden Realität.

Wir wissen nicht, was warum geschieht. Alles wird vom Sein gemacht, und unsere Aufgabe ist es, das Beste aus der jeweiligen Situation zu machen. Hier hilft die Erkenntnis, dass nur die Gegenwart existiert und sonst nichts. Jetzt hast du die Wahl, das Sein zu akzeptieren und zu lieben oder es abzulehnen. Was zu bevorzugen ist, ist wohl offensichtlich. Aber selbst diese scheinbare Wahlmöglichkeit wird vom Sein gemacht, denn ein persönliches »Ich« kann nichts tun.

Womöglich findest du diese Antwort nicht besonders tröstlich, aber psychologische Hilfe wäre an dieser Stelle nicht angebracht, weil sie meist den Glauben an die Existenz der Getrenntheit noch verstärkt.

Wenn wir uns hier als gedankliches Modell einen Erste-Hilfe-Kasten vorstellen, wäre es nicht hilfreich, auf ein Problem, das von einem illusionären Ich erzeugt wird, mit einem Pflaster aus dem Erste-Hilfe-Kasten derselben Illusion zu reagieren. Das Resultat wäre nur eine weitere Verstärkung der Illusion. Bei allen leidvollen Geschehnissen in der Menschheit helfen dauerhaft nur steigende Bewusstheit und Erkenntnisfähigkeit.

Eine Seifenblase mit einer anderen Seifenblase zu behandeln, ist verrückt. Es gilt zu erkennen, dass es keine Seifenblase gibt, die ein eigenes, persönliches Problem haben kann. Ist die Identifikation mit dieser scheinbaren Persönlichkeit aufgelöst, entfallen viele Probleme. Das bedeutet nicht, dass uns das Leben dann keine weiteren Herausforderungen mehr stellt. Das tut es weiterhin, weil es die Essenz des Lebensspiels ist. Doch nun betrachten wir alle Situationen als Herausforderung und nicht mehr als ein Problem, das gelöst werden muss.

Schaue jetzt genau hin. Wenn du keinen starken körperlichen Schmerz empfindest, worin besteht dann dein gegenwärtiges Leid? Ist es wirklich konkret

vorhanden oder sind es nur Gedanken und Gefühls-
muster, die dich quälen? Scheint gerade draußen die
Sonne oder ist es wolkig? Was ist wirklich in diesem
Moment?

Glaubst du, dass innere Vorstellungen deine wahre
Natur davon abhalten könnten, sich selbst zu verwirk-
lichen? Ein wesentlicher Lebensumschwung hin zu
Zufriedenheit und Gelassenheit ist möglich, obwohl
vielleicht Gedanken auftauchen, die das Gegenteil
behaupten. Kannst du keine deiner üblichen Tätigkeiten mehr ausüben? Wahrscheinlich schon, denn
zumindest liest du jetzt in diesem Moment diese
Worte. Was hält dich also davon ab, deine Gedanken
nicht mehr so ernst zu nehmen und ab jetzt das zu
tun, was du wirklich willst?

Niemand hat dir jemals etwas angetan oder trägt
eine Schuld. Das eine Bewusstsein, das du bist,
ist lediglich abgelenkt von extrem faszinierenden
Inhalten, die womöglich eine gewisse Schwere in
sich tragen. Dennoch sind sie nicht die letztendliche
Wirklichkeit.

Die Wahrheit ist das eine Leben, das du bist. Darin
taucht alles auf, in jeder Form. Freue dich darüber,

dass du an diesem vielfältigen Spektakel teilhaben darfst, denn das ist nicht selbstverständlich. Das Leben hat es offensichtlich als zwingend notwendig erachtet, sich auch als dich zu manifestieren. So wichtig und wertvoll bist du!

Leg jetzt los und mache mit beim Spiel des Lebens. Alles geschieht nur für dich.

Bedauern, Scham und Schuld

Bedauern, Scham und Schuld sind Emotionen, die auf eine sogenannte Vergangenheit hinweisen. Angeblich ist in der Vergangenheit etwas geschehen, was aus Sicht deiner Person nicht hätte geschehen sollen. Vielleicht hast du jemanden verletzt, etwas unternommen oder unterlassen, das du besser nicht getan hättest oder du wirfst dir eine andere Verfehlung vor.

Vielleicht glaubst du auch, dass du die Lebensverantwortung anderer Menschen mittragen musst, damit es ihnen besser geht. Das funktioniert aber nicht und so fühlst du dich schuldig an deren Misere.

Es gibt diverse Gründe, weshalb das illusionäre Ich etwas bedauert, sich schämt oder schuldig fühlt. Doch dabei wird wieder einmal die wesentliche Wahrheit übersehen: Es existiert keine Vergangenheit, in der du etwas angerichtet oder unterlassen haben könntest, weil es keine Zeit gibt. Die von dir genannten Emotionen tauchen einfach im gegenwärtigen Bewusstseinsfeld auf, zeitgleich mit körperlichen Reaktionen, die deine Geschichte glaubhaft zu unterstützen scheinen. Das eine existierende Bewusstsein wird von diesem faszinierenden Geschehen abgelenkt und wie durch einen Strohhalm eingeengt auf eine gedankliche und emotionale Bilderwelt fokussiert.

Die Emotionen Bedauern, Scham und Schuld tauchen auf und gaukeln eine andere Realitätsebene vor. Sie sind wie Magier, die die gesamte Aufmerksamkeit auf sich ziehen.

Als gleichberechtigte Elemente werden sie aber innerhalb des laufenden Spiels meist negativer bewertet als andere Bestandteile, wie zum Beispiel Stolz, Selbstzufriedenheit oder das Empfinden von Lust. Der Zweck aller Erscheinungen ist aber nur, das Spiel am Laufen zu halten.

Es gibt keine qualitativen Unterschiede der jeweiligen Spielelemente. Das Leben stellt sich in vielen Facetten dar, erfährt sich als alles und bewertet nichts. Es ist das, was ist.

Auf dieser relativen Ebene des Daseins sind solche scheinbar negativen Emotionen manchmal sehr quälend. Man könnte sagen, dass bei ihrem Vorhandensein ein Energiefeld von dir Besitz ergriffen hat, dessen Auflösung dir Erleichterung bringen würde.

Wenn du erkennst, dass es keinen »Anderen« gibt, der dir etwas angetan hat oder dem du etwas angetan hast, kann sich die Illusion auflösen und Erleichterung eintreten. Alles ist eins und spricht und handelt nur mit sich selbst. Trennung existiert nicht, denn du bist alles. Und dabei existiert noch nicht einmal ein »Du«.

Vergib dir selbst den Irrtum, dass du von etwas getrennt sein könntest. Leid und Herausforderungen dienen nur dazu, Reibungsflächen zu bieten, damit du aus dem Traum der Trennung erwachen kannst. Sie sind wie Lehrer. Wird das durchschaut, haben die meisten leidvollen Emotionen ihren Zweck erfüllt.

Gereiztheit

Wenn auftauchende Emotionen wie Trauer, Ärger und Angst dein Leben stark beeinflussen, ist es ratsam, sich auf professionelle Weise damit auseinanderzusetzen. Durch die innere Arbeit wirst du erkennen, dass diese Emotionen mit bestimmten Glaubensmustern, Gedankengängen und Erfahrungen aus der sogenannten Vergangenheit zusammenhängen. Auf dieser Ebene, wo Zeit eine nützliche Rolle spielt, sieht es so aus, als ob sich eine Person mit ihren Gefühlen auseinandersetzt, diese sich dann ändern oder auflösen und Linderung eintritt.

Doch von der absoluten Ebene her betrachtet, werden alle auftauchenden Gedanken, Gefühle und Emotionen vom Sein gemacht. Wenn man aufmerksam für dieses spontane Geschehen ist, kann man die spielerische Illusion entdecken.

Vor einiger Zeit ging ich meinem Hund auf einem Feldweg spazieren. Aus einiger Entfernung näherte sich ein Fahrzeug und ich spürte, wie eine leichte Verstimmung von mir Besitz ergriff. Parallel dazu tauchte ein Gedanke auf, der sagte: »Kann der Kerl nicht woanders lang fahren, ich möchte meine Ruhe haben.« Kurz danach bog das Auto in einen anderen Feldweg ab, sodass wir gar nicht in Kontakt miteinander kamen.

Ich musste spontan lachen, weil wieder einmal erkannt wurde, dass alle Gedanken und Gefühlsmuster ohne eine äußere Ursache im Bewusstseinsfeld auftauchen.

Nichts Schlimmes war geschehen, aber ein inneres Bild wollte mir vorgaukeln, dass vielleicht etwas »Schlimmes« hätte passieren können. Vielleicht hätten mein Hund und ich aus Platzmangel zur Seite treten müssen und dadurch schlammige Füße und Pfoten bekommen. Aber nichts war passiert. Ein Auto tauchte auf, ein Gefühlszustand tauchte auf und ein Lachen tauchte auf.

Und jetzt kommt der wichtige Punkt bei dieser Geschichte: Die Gereiztheit tauchte nicht auf, *weil* ein Auto am Horizont erschien, sondern das Auftauchen des Autos und des Stimmungswandels wurde gleichzeitig vom Sein gemacht. Es gibt keinen Zusammenhang zwischen dem sogenannten äußeren und inneren Geschehen. **Es gibt keine Ursache und keine Wirkung, weil es keine Zeit gibt.** Dies zu durchschauen ist nicht leicht, aber Gelegenheiten, wie soeben beschrieben, werden laufend bereitgestellt und können dazu beitragen, das Spiel des Lebens zu erkennen. Nichts ist so, wie es scheint.

Wie du siehst, tauchen auch bei mir noch Emotionen auf, doch meist werden sie sofort durchschaut. Und dadurch flauen sie schnell wieder ab und der innere Frieden scheint verstärkt durch. Wenn bei dir Gereiztheit auftaucht, wird sie auch wieder verschwinden.

Eine Spielregel scheint zu lauten: »Richtet sich fast alle Aufmerksamkeit auf die gerade vorhandene Emotion, erhält sie dadurch Energie und bleibt länger bestehen. Nimmst du die auftauchende Emotion aber nicht mehr ernst, wird ihr Energie entzogen und sie löst sich bald wieder auf.«

Vielleicht bist du manchmal gereizt. Akzeptiere es, und die Gereiztheit wird wieder gehen.

Trost bei Trauer

Üblicherweise ist der menschliche Geist so konditioniert, dass er nach Gründen für den Gefühlszustand »Ich bin traurig« sucht. Meist reicht es ihm nicht aus, zu sagen: »Es ist einfach so, wie es ist.« Wenn Trauer erscheint, ist eine neutrale Haltung von Vorteil. Wenn wir versuchen, Trauer, Ärger oder Sorgen zu verdrängen, verstärken sie sich dadurch meist noch.

Fühle einfach, was auftaucht und habe die Bereitschaft, alles da sein zu lassen, was sich zeigen will. Kämpfe nicht dagegen an. Traurigkeit ist etwas Natürliches und darf ohne eine »Erlaubnis« oder Begründung des sogenannten Verstandes gefühlt werden. Keine der vorübergehend auftauchenden Gefühle kann dich schädigen oder umbringen.

Doch das Ego hat Angst vor spontan auftauchenden Gefühlen, weil es dann die Kontrolle verliert. Aber es hat sowieso keine Kontrolle, da alle Gefühle und Gedanken das Ich erst bilden. Das gesamte Geschehen ist Bestandteil des Seins.

Wenn du manchmal traurig bist, hilft vielleicht folgende kleine Geschichte.

In einem Königreich lebte ein König, der oft sehr traurig war. Eines Tages ließ er alle Weisen seines Landes zu sich rufen und fragte sie um Rat, was man gegen die Trauer unternehmen könne. Die Weisen berieten sich, baten um etwas Zeit und gingen fort.

Einige Zeit später tauchte einer der Weisen wieder auf, überreichte dem König einen Ring und forderte ihn auf, ihn anzustecken. Der König tat, wie ihm geheißen. Der Weise sagte zum König: »Wenn du wieder traurig bist, nimmt den Ring ab und schaue auf die Innenseite.« Der König bedankte sich und der Weise verließ ihn.

Als der König irgendwann wieder traurig war, erinnerte er sich an den Rat des Weisen, nahm den Ring vom Finger und schaute auf die Innenseite. Dort stand geschrieben:

»Auch das geht vorüber.«

3. Welt, Moral und Beruf

Armut und Leid in der Welt

Wenn man das aktuelle Weltgeschehen betrachtet, kommen vielleicht Angst, Ohnmacht, Wut und die Frage nach dem Sinn des Ganzen auf. Wieso lässt das Leben (das Sein oder Gott) Armut, Leid und Kriege zu? Häufig ist es schwer oder unmöglich, einen Sinn darin zu entdecken oder tröstende Worte dafür zu finden. Aber es gibt eine Betrachtungsweise, die uns dabei helfen kann, zur bereits bestehenden Situation nicht noch zusätzliches Leid hinzuzufügen.

Unglück, Terror, Kriege und Leid hat es in dieser Welt schon immer gegeben. Auf einen »Übeltäter« folgt ein »Wohltäter«, auf einen »glücklichen« Moment folgt ein »unglücklicher« Moment und auf eine »Katastrophe« folgt ein »segensreiches« Geschehen. Natürlich geschieht das gleichzeitig, in jeder Reihenfolge und keiner ersichtlichen Ordnung unterliegend. Alles geschieht so, wie es geschieht. Die Beurteilung in gut oder schlecht wird nur vom menschlichen Verstand hinzugefügt. Das Leben selbst beurteilt nicht oder um es etwas bildhafter auszudrücken: Die Sonne scheint auf jedes Geschehen herab, egal wie wir Menschen es beurteilen.

Auf dieser Ebene des Daseins erstreckt sich das Leben so wie elektrischer Strom, der zwischen zwei Polen fließt. Gäbe es nur Harmonie oder sogenanntes Glück, würde alles in sich zusammenfallen. Die Spannungsbreite des Lebens würde verschwinden, es hätte seinen Antrieb verloren und wäre überflüssig.

Vielleicht sind diese Worte nur schwer zu akzeptieren und du glaubst, ich wolle sagen, der Sinn des Lebens sei es, zu leiden. Das ist natürlich nicht so. Der Sinn des Lebens ist die volle Teilnahme daran und das beinhaltet alle Erscheinungsformen. Warum gibt es das sogenannte Schlechte auf der Welt, warum gibt es das sogenannte Gute auf der Welt? Meine Antwort darauf lautet: »Warum nicht?« Es ist, wie es ist und es ist nicht zu ändern. Wir Menschen sind nicht die Regisseure. Das Leben ist der einzige Regisseur, und warum das Drehbuch so und nicht anders aussieht, ist ein Mysterium.

Das eine Leben erscheint jeden Tag in Billionen Varianten. Deshalb kann man vermuten, dass sich das Leben in vielfältiger Weise selbst erfahren will, auch als das, was wir als negativ bewerten. Und offensichtlich tut es das auch, ob es uns gefällt oder nicht.

In traurigen, angstbehafteten oder sogar katastrophalen Fällen ist es hilfreicher, die Situation zunächst zu akzeptieren, wie sie ist, also dem Ganzen zunächst ein »Ja« zu geben. Und nach diesem »Ja« kann man sich sofort fragen »Was kann ich jetzt Konkretes und Hilfreiches tun?« Dieses Verhalten drückt bewusstes Dasein aus und verhindert das Hinzufügen von noch mehr dramatischen und leidvollen Gedankengeschichten zu der bereits bestehenden Situation. Wir brauchem dem Leben gegenüber keinen Widerstand zu leisten, auch wenn es manchmal extrem schwerfällt, das einzusehen.

Mit dieser inneren Haltung verneinen oder verdrängen wir nicht das, was bereits ist. Wir akzeptieren und respektieren es. So öffnen wir uns der größeren Kraft in uns, die uns nicht lähmt, sondern konstruktiv handeln und helfen lässt und uns auch durch schwere Zeiten führen kann. Wir können jetzt trauern, jetzt handeln und jetzt leben. Und das am besten mit einer guten Portion Bewusstheit.

Konflikte und Kriege

Konflikte und Kriege sind nicht gerechtfertigt. Eine andere Meinung hat das illusionäre Ich, das recht behalten will und ständig nach Beurteilungen und Begründungen für alle Handlungen sucht. Auf diese Weise führt es sich Energie zu, stärkt sich und grenzt sich weiter gegen »die Anderen« ab. Das Resultat ist nicht nur ein Gefühl des Alleinseins, sondern, was noch tragischer ist, die Illusion, sich ständig durchsetzen oder gegen etwas verteidigen zu müssen.

Doch Verteidigung ist dasselbe wie Angriff, da ein Verteidigungsgedanke die Unterstellung beinhaltet, von außen angegriffen zu werden. Dies ist der erste aggressive Gedanke. Um einen vermeintlichen Angriff zu verhindern, greift man vorauseilend selbst an und hält dieses Verhalten für gerechtfertigt. Das Resultat ist Gereiztheit, Streit und Kampf, bis hin zu Krieg, Terror und Zerstörung.

Es geht im menschlichen Dasein und dessen Konflikten nicht darum, was die richtige Anschauung oder die richtige Religion ist. Immer steht hinter aggressivem Verhalten ein pseudocleveres Ich, das anders sein muss als »der Rest«, um sich selbst als eigenständige Einheit wahrnehmen und so überleben zu können. Religionen machen keine Kriege. Das »Ich weiß es besser« ist der einzige Kriegsstifter. Und das kollektive Ich, sozusagen dessen aufgeblasene Form innerhalb einer Gruppierung, Landes- oder Glaubensgrenze, verstärkt die Konflikte immens.

Finde heraus, was du wirklich bist und dass nichts von etwas anderem getrennt ist. Dann finden die Konflikte mit dem Leben ein Ende. Würden die Menschen sich nach innen orientieren und sich nicht nur an Schriften, überlieferte Traditionen oder gesellschaftliche Normen halten, könnten sie das Eine entdecken, die einheitliche Essenz des einen Lebens, das alles hervorbringt. Dann gibt es keine trennenden, egomanischen Anschauungen mehr und Frieden kann sein.

Die Menschheit braucht nicht mehr Intelligenz, mehr Urteile oder mehr Rechtfertigungen und Abgrenzung. Sie braucht dringend mehr Bewusstheit.

Wahren Frieden erlangen

Über die Medien bekommen wir vermehrt mit, dass überall auf der Welt Konflikte ausbrechen; aber weil wir mit Glück etwas weiter davon entfernt wohnen, denken wir häufig: »Was habe ich damit zu tun?« Die wahren Gründe für die Streitigkeiten sind uns unbekannt, wir können uns nicht in sie hineinversetzen und deshalb fühlen wir uns nicht direkt vom Unfrieden betroffen.

Doch so leicht können wir es uns hier nicht machen, denn alles, was in unserem Bewusstseinsfeld auftaucht, hat etwas mit uns zu tun. Vielleicht können wir die Zusammenhänge nicht sofort erkennen, aber es gibt sie, denn sonst würden die friedlosen Inhalte nicht in unserem Bewusstseinsfeld erscheinen.

Was haben wir mit dem Thema Frieden und Unfrieden zu tun? Die wichtigste Frage hierbei ist vielleicht, wie man dazu beitragen kann, mehr Bewusstheit und Frieden in die Welt zu bringen.

Häufig glauben wir, nur ein kleines Rädchen im großen Getriebe zu sein, das nichts ausrichten kann. Absolut gesehen stimmt das, aber von der relativen

Ebene her betrachtet, können wir so tun »als ob«. Da alles, was im Bewusstseinsfeld es Lebens auftaucht wie ein Spiegel funktioniert, zeigt dir dieser Lebensspiegel, dass auch bei dir noch etwas in Unfrieden ist. Dieser Zustand kann (scheinbar) durch vieles ausgelöst sein. Vielleicht bist du unzufrieden mit deiner Partnerschaft oder deinem Beruf, Freunde haben dich vielleicht verlassen oder du hast Streit mit deiner Familie.

Es gibt viele Möglichkeiten, an denen sich ein innerer Unfrieden entzünden kann, und oft kommt dabei ein Ego ins Spiel, das unbedingt recht haben will. Doch wenn es nicht recht haben kann oder recht haben darf, fühlt es sich in seiner Substanz bedroht. Das Ich, für das wir uns halten, will stabil bleiben und dafür ist es aus seiner Sicht wesentlich, im Recht zu bleiben. Natürlich handelt es sich hier nur um sogenanntes Recht, weil das Ego zwischen Recht und Unrecht nicht unterscheiden kann. Es fühlt sich wie ein abgetrenntes Fragment im Ganzen und kann die Ganzheit nicht erfassen. So liegt es mit seinem Urteil ständig daneben.

Weil das illusionäre Ich anderer Menschen auch im Recht bleiben will, kommt es zwangsläufig zu Konflikten, wenn verschiedene Egos aufeinandertreffen. »Das, was ich denke, bin ich und deshalb müssen meine Gedanken geschützt werden.« Dieses irreführende Gedankenmuster trägt auf persönlicher Ebene zu Problemen im privaten und beruflichen Bereich bei. Darüber hinaus kann es zu einem überpersönlichen, kollektiven Ego anwachsen und über Grenzen hinweg zu Glaubenskriegen, politischen Streits, Wirtschaftskriegen und militärischen Konflikten führen. Bei dem Vorhandensein einer Identifikation mit den eigenen Gedanken gelangt man fast zwangsläufig vom »kleinen« zum »großen« Unfrieden.

Wenn jeder Mensch auf der ganzen Welt mit sich im Frieden wäre, gäbe es keinen Anlass, Streit zu suchen. Wenn man ein erfülltes Dasein führt, fehlt nichts mehr. Ich muss nichts mehr schaffen, nichts mehr erlangen, niemanden belehren oder jemandem meine Meinung aufdrücken. Das alles wird überflüssig. Deshalb ist es ein sehr sinnvoller und erfüllender Weg, bei sich selbst nachzuschauen, ob und wo noch Unfrieden herrscht. Aber wie funktioniert das praktisch, wie kann man an den eigenen Unfrieden herankommen, ihn in inneren Frieden umwandeln und dann in die Welt ausstrahlen?

Hierzu folgt eine kurze Übung.

Schließe deine Augen und denke: »Ich muss unbedingt noch erreichen, dass … (setze hier eine für dich sehr wichtige Sache ein)« zweimal. Denke den Gedanken, von dem du überzeugt bist, dass er auf jeden Fall stimmt, zweimal. Beobachte dabei, wie wichtig, wahr und intensiv dir dieser Gedanke und die körperliche Reaktion darauf vorkommen, weil du dich mit diesem Problem vielleicht schon seit einiger Zeit beschäftigst.

Doch hier liegt ein grundlegender Irrtum vor, denn der Grund für das starke Wahrheitsgefühl ist nicht das vermeintliche Problem, sondern die Worte »Ich muss«, mit denen wir identifiziert sind. Wir halten besonders die Gedanken für wahr, in denen die Wörter »ich«, »mir«, »mein«, »meins«, »müssen« oder »sollen« vorkommen. Du bist nicht dieser Gedanke, von dem du zwingend glaubst, dass er stimmt. Dieser »Ich-Gedanke«, samt Gefühlen, taucht einfach spontan im Gewahrseinsfeld auf und du bist dasjenige, das diesen Vorgang wie ein stiller Zeuge beobachten kann. Mit dem Inhalt und der Aussage des inneren Geschehens hat deine wahre Natur nichts zu tun.

Richte die Aufmerksamkeit nicht nur auf die Inhalte, sondern auch auf den stillen Beobachter, auf das Wahrnehmen, das du bist. Vielleicht versuchst du auch, in deinem Gedankengut die Worte »müssen« und »sollen« generell durch »wollen«, »dürfen« oder »können« zu ersetzen. Schaue, was geschieht und wie anders es sich anfühlt.

Was hat das alles mit Frieden zu tun? Es ist ganz einfach: Durch diese Übung kannst du feststellen, dass du nicht die auftauchenden Gedanken und Gefühle bist, egal, was sie besagen. Du bist das Gewahrsein, die Aufmerksamkeit, das Bewusstsein oder das eine Leben. Dies sind nur verschiedene Begriffe für das eine Sein.

Wichtig ist hier, zu erkennen, dass du alle auftauchenden Inhalte nicht mehr so ernst zu nehmen brauchst, weil sie spontan und ohne einen besonderen Grund erscheinen. Alles läuft auf Autopilot. Genau dieses Geschehen ist es, was als das große und kaum zu durchschauende Spiel des Lebens bezeichnet wird. Doch du bist das, was davon unberührt, ständig und unsterblich existiert.

Und wenn die auftauchenden Inhalte »in dir« nicht mehr ernst genommen werden, werden irgendwann auch auftauchende Inhalte im sogenannten Außen – in deinem Umfeld, in der Familie, im Fernsehen, in der Politik usw. – nicht mehr ernst genommen. Alles wird gelassener betrachtet. Das bedeutet aber nicht, dass dir alles egal wird, sondern du wirst freier, bewusster und urteilskräftiger in deinem Sein und Tun. Die »magnetische Hypnose« auftauchender Inhalte, egal welcher Form ist vorbei, und du kannst anders agieren als es vorher noch möglich war.

Führe diese Übung gelegentlich durch, setze dich hin und lasse Gedanken und alles, was sich zeigen will, auftauchen. Durch die Akzeptanz der erscheinenden Gegenwart gelangst du zu innerem Frieden. Bitte beachte, dass ich dir diese Erklärung nur für die relative Ebene des Daseins gilt.

Wenn sich die Illusion der Trennung vollkommen auflöst, hat sich das Spiel des Lebens und der Formen erfüllt und wird überflüssig. Die Welt, wie du sie kennst, würde nicht mehr existieren. Doch schon jetzt kannst du erkennen, dass nichts geschieht. Schon jetzt ist vollkommener Frieden vorhanden, der durch das flirrende Spiel der Dualität verdeckt ist. Es geschieht in Wahrheit nichts, weil es keine Zeit für Geschehen gibt.

Hier, auf dieser Ebene des Daseins, ist Frieden nichts, das von außen kommen kann. Er kommt von innen. Wir Menschen sind oft unzufrieden, weil wir die Gegenwart anders haben wollen als sie bereits ist. Doch wenn wir schon keinen Frieden in uns haben, wie könnten wir dann Frieden in die Welt bringen? Unsere Aufgabe ist es, zuerst den Frieden in uns finden, und nichts von der Welt zu verlangen, was wir nicht selbst anzubieten haben.

Erst, wenn wir selbst im Frieden sind, können wir ihn in die Welt ausstrahlen. Wenn das niemand erreicht, woher soll dann Frieden für die ganze Welt kommen?

Gewählte Diktatoren

In Krisenzeiten scheinen Menschen vermehrt dazu zu neigen, politische und gesellschaftliche Anführer zu wählen, die nicht nur stark auftreten, sondern auch herrische Charaktereigenschaften und Ziele haben.

Wenn man hinterfragt, welche wirklichen Werte die gewählten Anführer vertreten, wird klar, dass sie aufgrund ihrer Persönlichkeitsstruktur nur selten in der Lage sind, mitfühlend auf andere Menschen einzugehen. Hier steht ein großes Ego vor anderen Egos und verbreitet Statements, die die sogenannten Anderen dazu bringen sollen, ihn (oder sie) zu wählen.

Die Grundmotivation beider Seiten ist Angst, denn Angst ist die Hauptsubstanz des illusionären Ichs, des Ego. Auf der einen Seite befinden sich viele Personen, die Angst vor der Zukunft haben, ohne zu erkennen, dass eine Zukunft nicht existiert, außer in auftauchenden gedanklichen Vorstellungen. Es sind einfach nur Bilder, die vom Sein gemacht im Gewahrseinsfeld auftauchen und eine andere Realität vorgaukeln. Das eine Bewusstsein fokussiert sich für eine Weile auf diese auftauchenden Bilder, hält sie für wahr und ist dadurch nicht mehr in der Lage, die bereits jetzt stattfindende Wirklichkeit der Gegenwart zu würdigen.

So funktioniert das Ego. Es kann mit der Gegenwart nichts anfangen, es hat regelrecht Angst vor ihr und definiert sich über einen Haufen Gedanken und Emotionen, die sich hauptsächlich auf eine sogenannte Vergangenheit oder Zukunft beziehen. Da aber alle Gedanken und Emotionen von flüchtiger Natur sind, fühlt sich die sogenannte Person angreifbar und ängstlich.

Auf der Seite des »starken Anführers« ahnt das Ego ebenfalls um seine Seifenblasenhaftigkeit. Was in Zeiten solcher Wahlen geschieht, ist klar: Angst wählt Angst oder noch deutlicher ausgedrückt: Der eine Wahnsinn wählt den anderen Wahnsinn und somit sich selbst. Etwas anderes außerhalb der sehr eingeschränkten Wahrnehmung des Ego existiert nicht, denn alles Unbekannte macht Angst.

Das Gegenteil von Angst ist Liebe. Das eine Leben, das es nur gibt, ist Liebe. Dies sind natürlich nur Worte, aber sie entspringen nicht irgendeiner Vorstellung oder einem Glauben, sondern der Erkenntnis um das Wesen des Lebens.

Leben und Liebe sind ein und dasselbe und wollen sich ausweiten ohne Zeit und ohne Raum. Ausweitung ist die Essenz des Lebens. Das Leben konserviert nicht, es hält nichts zurück, es will nicht zusammenhalten oder alte Werte bewahren. Das ist nicht die Natur des Seins. Das Sein, das eine Leben, konfiguriert sich ständig in der zeitlosen Gegenwart um und hat keine konservative Haltung. Stetige Veränderung ist der Kern des Daseins.

Das Ego hingegen agiert genau in entgegengesetzter Weise. Es will seine brüchigen Fragmente zusammenhalten, die kleinen Habseligkeiten und den Status bewahren und hofft dabei, dass es so lange wie möglich so bleibt. Die Folgen davon sind im Großen wie im Kleinen Ausgrenzung, Vorurteile, Hass, Ablehnung, Standesdünkel und Protektionismus. Sich vor etwas schützen zu wollen bedeutet meist, sich vor dem Leben schützen zu wollen. Aber das ist nicht möglich, denn das Leben lebt so, wie es will und nicht wie ein kleines Ich es will.

Du als Person bist nur eine Illusion und kannst nichts tun. Das hört sich zunächst vielleicht negativ an, aber wenn du die Illusion durchschaust, wirst du deine wahre, unsterbliche Natur erkennen. Das, was du in Wahrheit bist, kann weder angegriffen werden noch sterben.

Wenn der sogenannte »kleine Mann« (den es natürlich nicht gibt) den »großen, starken« Mann wählt, gibt es eine Gemeinsamkeit, die jenseits von materiellem Vermögen oder intellektueller Bildung liegt. Es ist die Angst des Ego vor Verlust und der eigenen Zerstörung. Dieses Grundmuster ist dermaßen stark, dass es sich üblicherweise gegenseitig anzieht, ungeachtet äußerer Erscheinungsbilder.

Natürlich kann ein Ego ein anderes Ego nicht verstehen, es kann es nicht wirklich sehen oder mitfühlen. Unbewusstheit kann weder Unbewusstheit noch Bewusstheit erkennen. Unbewusste Menschen sehen nichts und agieren entsprechend. Leid erzeugt weiteres Leid und so wird aus dem Traum des Lebens ein Albtraum.

Manchmal kann das Leid so groß werden, dass ein Bruch in die Egoschale kommt und etwas mehr Licht durchscheint. Dann wird plötzlich erkannt, dass alles nur das Spiel des Lebens ist und du vor nichts Angst zu haben brauchst.

Meine Empfehlung lautet: Entwickle die Bereitschaft, deine wahre Natur zu entdecken und du kannst schon jetzt deine Egoschale abwerfen. Entscheide dich nicht für Angst und Zusammenziehung, sondern wähle Ausweitung, Veränderung und Durchmischung. Erkenne das unsterbliche Leben und die Liebe, die du in Wahrheit bist und du brauchst dich nicht mehr zu fürchten.
Wähle das Leben.

Über das »Böse«

Häufig wird diskutiert, warum jenes Unglück eingetreten ist, ob die Politiker sich haben wieder etwas
zuschulden kommen lassen und wie die »Mächtigen«
die »Kleinen« übervorteilen. Und dann wird gefragt:
»Warum gibt es so viel Schlechtes auf der Welt?«

Die Antwort darauf lautet: »Warum nicht?« Das
mag zunächst etwas merkwürdig klingen, denn falls
wir an Vorbestimmung oder eine göttliche Macht
glauben, scheint damit unvereinbar, dass »Böses« in
der Welt geschieht. Warum ist nicht einfach alles
gut?

Die Welt bietet nicht nur das sogenannte Negative,
sondern jeden Tag auch viel Angenehmes. Ohne
eine Gegenleistung dafür zu erbringen, erhalten wir
in jedem Moment unseres Daseins ein einzigartiges
Geschenk. Die Sonne scheint urteilslos auf alles. Sie
scheint für uns und wärmt uns, der Regen fällt und
macht alles fruchtbar. Wir werden angelächelt, unser
Sofa fragt nicht, warum es uns tragen muss und der
Tee schmeckt gut. Einfach so. Trotzdem stellt nur
selten jemand die Frage »Warum gibt es so viel Schönes auf der Welt?« Dinge und Situationen, die uns
gefallen, nehmen wir offenbar als selbstverständlich

hin und nur selten sagen wir zu dieser Großartigkeit
»Danke.«

Wenn mich jemand fragte, warum es so viel Schönes
auf der Welt gibt, würde ich auch hier antworten:
»Warum nicht?« Alles, was wir in dieser Welt wahrnehmen können, findet ohne einen Grund statt, den
wir verstehen könnten. Das ist nur schwer für uns
zu akzeptieren, weil wir von klein auf darauf konditioniert sind, alles Geschehen zu begründen. Wir
wollen alles kontrollieren, trotzdem ist alles, wie es
ist. Die Unterteilung in Gut und Böse wird lediglich
von unserem Geist hinzugefügt. Er glaubt an die
Illusion der Aufspaltung und urteilt ständig, um
sich in diesen selbst erschaffenen, engen Kategorien
sicher zu fühlen.

Doch alles befindet sich innerhalb des Einen und ist
weder gut noch böse. Das eine Leben erfährt sich
als alles, in scheinbarer Aufteilung, die jedoch nicht
existiert. Das »Böse«, wie du es nennst, besteht nur
aus in der Gegenwart erscheinenden Gedanken mit
eventuell dazu passenden Emotionen. Das Bewusstsein fällt auf eine Geschichte herein, die laut behauptet, dass dies hier böse ist.

Doch alles ist nur wie ein Traum, der manchmal sanft und manchmal bitter erscheint. Platzt dieser Traum, fällt alles Urteilen weg. Nichts ist gut oder böse. Es ist einfach, wie es ist.

Über die Moral

Sein geschieht in diesem Moment. Wenn das vollkommen erkannt ist, entfallen alle Konzepte des sogenannten Verstandes. Damit entfällt auch die Vorstellung eines persönlichen Ichs, das etwas bewirken kann.

Ohne Ich gibt es keine Moral und niemanden, der eine Moral predigen könnte. Zudem gibt es keine Zeit und deshalb auch keine Ursache und keine Wirkung.

Das Leben lebt ohne Moral, es ist einfach. Das bedeutet aber nicht, dass wir jetzt deshalb – völlig von jeder Regulierung befreit – losgehen, um unmoralische Dinge zu tun. Die hier erscheinenden Körperorganismen haben ganz bestimmte Charaktereigenschaften, und diese bleiben auch nach größter Erkenntnis in überwiegender Mehrheit erhalten.

Und die Moral von der Geschicht': Es gibt sie nicht.

Über die Freiheit

Meine damalige spirituelle Lehrerin hatte zu mir gesagt: »Hier ist niemand drin.« Zunächst hatte mir diese Aussage Angst gemacht und ich fühlte mich machtlos. Doch als später erkannt wurde, dass alles nur vom Sein gemacht wird und es nichts gibt, was man dagegen unternehmen kann, geschah Hingabe. Das Gefühl der Ohnmacht wandelte sich in ein Gefühl von Erleichterung und Freiheit.

Selbst beim Zähneputzen im Badezimmer ist kein Ich vorhanden, das das tut. Das Sein putzt dem auftauchenden Körper die Zähne, aber nicht die Person sich selbst. Am Durchschauen dieses einfachen Sachverhalts kann die Identifikation mit einem illusionären Ich bereits zerbrechen.

Diese einfache Lebenssituation könnte man auch wissenschaftlich betrachten und wie mit einem Mikroskop in sie hineinzoomen. Dann würde man vielleicht nur noch ein Herumflitzen der Atome und Moleküle sehen und wenn man noch weiter hineinzoomen würde, gäbe es vielleicht nur noch unendlichen Raum. Wo ist da noch eine Person samt Zahnbürste?

Alles geschieht wie ein einziger Tanz, ohne ein beteiligtes Individuum. Und auf dieser relativen Ebene des Daseins, der Spielebene, tun wir dann so, als ob wir diejenigen sind, die etwas tun. Alles wird gemacht, und in noch tieferer Erkenntnis geschieht gar nichts, weil es keine Zeit gibt und damit weder Ursache noch Wirkung.

Das ist wahre Freiheit, denn jetzt kannst du tun, was du willst. Du brauchst keine Angst zu haben, dass du jetzt vielleicht faul wirst oder kriminell. Dieser Körperorganismus ist so angelegt, wie es sein soll. Wenn der auftauchende Charakter kein Faulpelz oder Bankräuber ist, wird er wahrscheinlich nicht losgehen, um einen Safe zu knacken, sondern etwas anderes tun.

Und noch etwas Wichtiges: Du bist das Leben und du bist unsterblich. Das ist die allergrößte Freiheit, denn dir kann nichts geschehen.

Gene und Erziehung

Das Sein, dessen winziger Bestandteil diese scheinbare Person ist, prägt deren Charaktereigenschaften. Es gibt nur die Gegenwart, eine Vergangenheit hat nie stattgefunden und eine Zukunft wird nicht stattfinden.

In den Antworten, die ich hier gebe, benutze ich aus praktischen Gründen Beispiele und Geschichten, die sich auf eine scheinbare Vergangenheit oder Zukunft beziehen. Doch währenddessen ist immer klar, dass nur die Gegenwart existiert.

Deshalb bist du weder durch die Erziehung deiner Vergangenheit geprägt noch durch Gene, die dir deine Eltern angeblich mitgegeben haben.

Diese Worte sind nicht für den Verstand bestimmt, sondern richten sich an das, was du in Wahrheit bist. Das Sein liest oder hört diese Worte, und der Zweck ist die Erinnerung daran, keine kleine Person zu sein, mit dem daraus folgenden Erwachen aus dem Traum des Ichs.

Die Respektlosigkeit der Menschen

Fast alle Menschen auf der Erde identifizieren sich mit ihren Gedanken und Emotionen. Diese bilden ein Konstrukt, eine Person, die absolut glaubhaft wirkt. Alles, was gedacht, gefühlt und getan wird, bin »Ich«. Diese Fehlidentifikation hat zwar nichts mit unserer wahren Natur zu tun, aber sie wird normalerweise dafür gehalten.

Das Ego fühlt sich wie ein kleiner Krümel im Universum, zerrissen und allein gelassen. Dieser Zustand gleicht einer dauerhaften Wahnvorstellung und verursacht Angst. Die Menschen haben Angst vor vielen Dingen, aber am stärksten ist die unbewusste Angst, angegriffen zu werden.

Wenn ich nur das ganz Kleine bin, muss der übrige Rest das Große sein. Dieser falsche Glaube lässt uns ohnmächtig fühlen, Ohnmacht führt zu Wut, und fehlgeleitete Wut führt zu Aggression und Angriff. Doch weil das illusionäre Ich eine gewisse Bauernschläue besitzt, würde es nicht ohne Weiteres zugeben, dass es grundlos angreift.

So entsteht das Konzept der Verteidigung, das den Gedanken beinhaltet, ich müsse mich schon im

Vorfeld gegen einen wahrscheinlichen Angriff zur Wehr setzen. Dass dieser Gedanke bereits der erste aggressive Akt ist, wird dabei übersehen.

Verteidigung und Angriff scheinen nur in der Welt der Dualität unterschiedlich zu sein, jedoch sind sie ein und dasselbe. Sie entspringen der Angst des Ego vor der eigenen Zerstörung. Diese Todesangst zeigt sich in gewöhnlichen Situationen bereits als leichte Gereiztheit, Anspannung, Nervosität und manchmal auch als Handgreiflichkeiten. Hier gibt es keine Unterschiede, denn bei allen Formen handelt es sich um die gleiche kollektive Geistesstörung.

Finden sich viele Egos gleicher Couleur zusammen, wird aus einer individuellen Geistesstörung die kollektive Geisteskrankheit der Menschheit. Sie existiert, weil vielen Menschen das fühlende Erkennen des Einsseins aller Dinge fehlt. Die natürliche Verwurzelung im Sein ist verschleiert, die Aufmerksamkeit wird hauptsächlich auf Dinge im sogenannten Außen gerichtet, und es wird vollkommen an Trennung geglaubt.

Wenn klar wäre, dass das Sein nur mit sich selbst handelt und spricht, würden Respektlosigkeit,

Unfreundlichkeit und Grausamkeit verschwinden, denn hier würde das Zitat »Was du einem anderen zufügst, das fügst du dir selbst zu« ins Spiel kommen. Diese Worte tragen eine große Weisheit in sich, denn sie bestätigen nicht die getrennte Existenz von dir und einem anderen, sondern sie weisen auf die tiefe Wahrheit des verbundenen und einheitlichen Seins hin.

Die Todesangst des Ego ist die Wurzel aller emotionalen Störungen und des Irrglaubens an ein getrenntes Dasein. Wer in Angst und Panik lebt, kann nicht anders, als unbewusst zu handeln und wild um sich zu schlagen. Unbewusste Menschen wissen nicht, was sie tun, egal wie intelligent sie sind.

Unbewusstheit und Intelligenz werden oft für das Gegenteil gehalten und es wird geglaubt, dass intelligente Menschen wüssten, was sie tun. Aber das ist nicht der Fall. Je mehr der egogesteuerte Verstand das Ruder in der Hand hat, desto unbewusster sind die Menschen. Je mehr man an seine eigene Intelligenz glaubt, desto unbewusster ist man.

Wahre Intelligenz kommt aus dem Sein und nicht aus einer Ansammlung von Wissen. Natürlich gibt es auch Ausnahmen und Kombinationen von Bewusstheit und Intellekt, denn das Sein zeigt sich in jeder Variante.

Menschliche Intelligenz ohne Bewusstheit hat schon viele Grausamkeiten erzeugt, Kriege, Bomben, Folter, Angriffstrategien usw. Wir glauben meist, dass unfreundliche und unbewusste Menschen in der Lage seien, ihr Verhalten in einer Sekunde ändern zu können, wenn sie nur wollten.

Hier sage ich gern, dass nur weise Menschen weise handeln können. Ist man nicht bewusst, kann man auch nicht bewusst handeln. Diese Einsicht führt zur Vergebung, auch für sogenannte Übeltäter und Mörder.

Falls es richtig überliefert ist, hatte Jesus es damals so ausgedrückt: »Herr vergib ihnen, denn sie wissen nicht, was sie tun.«

Vergebung ist eine unserer größten Aufgaben hier auf diesem Planeten, in dem Erkennen, dass nichts so ist, wie es erscheint, und dann wird auch Vergebung nicht mehr nötig sein.

Mitgefühl

Vielleicht hast du manchmal ein schlechtes Gewissen, weil du deinen eigenen Ansprüchen nicht gerecht wirst, ein gütiger und mitfühlender Mensch zu sein. Doch egal, was du tust oder unterlässt, alles wird vom Sein gemacht. Das Leben läuft auf Autopilot und davon ist auch das Ich betroffen, für das du dich vielleicht noch hältst.

Diese Sätze erzeugen vielleicht Abwehr, weil die scheinbare Person autonom sein will. Aber du bist nicht autonom, denn das Leben steuert uns und wir nicht das Leben. Der Ozean erschafft die Wellen und irgendwann verschwinden sie wieder in ihm.

Die scheinbar einzelne Welle kann sich nicht unabhängig und individuell ausrichten in der vollkommenen Verbundenheit des Seins.

Daher mache dir nicht zu viele Gedanken darüber, ob du dich mitfühlend genug verhältst. Du kannst nicht entscheiden, ob du links oder rechts herum gehen willst oder ob sich dein linker oder rechter Arm hebt.

Genauso wenig weißt du, was dein Tun oder dein Unterlassen bewirken würde. Vielleicht würde das Eurostück, das du dem Obdachlosen gegeben hättest, zu einer Verkettung von tragischen Umständen führen, die wir uns nicht vorstellen können.

Diese Erkenntnis soll natürlich nicht dazu verleiten, zu einem Geizhals zu werden oder wohltätige Motive zurückzustellen. Trotzdem wird alles vom Sein gemacht, auch die zu den Körperaktionen passenden Gedanken und Gefühle sowie jene, die im Gegensatz zur Realität zu stehen scheinen.

Mache dir keine Sorgen über dein Tun, du bist schon jetzt der perfekte Ausdruck des Lebens, egal ob das gesehen wird oder nicht.

Die größte Sünde

Es ist ein großer Irrtum, an die Existenz von Sünde zu glauben.

Dieser Begriff geht untrennbar mit dem Thema Schuld einher, doch ist da niemand in Person, der schuldig sein könnte.

Sünde ist nichts weiter als der Irrglaube, ein vom Ganzen getrenntes Individuum zu sein.

Glücklicherweise gibt es weder Individuen noch Sünde oder Schuld. Sei froh – niemand hat jemals irgendetwas getan, denn es existiert nur der jetzige Moment und alles ist eins.

Berufliche Neuorientierung

Vor vielen Jahren, bevor sich hier das Leben aus der Identifikation mit dem Ich befreite, stand »ich« beruflich unter Druck, und eines Tages, während eines Meetings, sagte eine innere Stimme zu mir: »Was machst du hier eigentlich, und was interessiert dich das Ganze?«

Die Antwort war klar. Ich fühlte mich nicht mehr wohl, war ausgelaugt und befand mich, aus relativer Perspektive betrachtet, beruflich an der falschen Stelle (Natürlich sollte alles genauso sein, wie es war, aber diese Erkenntnis kam erst später).

Ich kündigte meinen gut bezahlten Job und tauschte ihn gegen ein unbezahltes Praktikum bei einer Fernsehproduktion ein. Dieser erste Schritt, hin zu mehr privater und beruflicher Freiheit, fühlte sich richtig an, egal was die Zweifler im Außen sagten.

Diese Geschichte soll keine Handlungsanleitung darstellen, sondern hier geht es darum, in dich hinein zu spüren und zu erkennen, für wen oder was du so lebst und handelst, wie du es gerade tust. Damals war es nicht meine wirkliche Motivation, viel Geld zu verdienen, sondern meinen Vater mit meinem beruflichen Erfolg stolz zu machen. Den hat das aber nicht interessiert, sondern nur ich habe geglaubt, dass es wichtig für ihn sei. Der Irrtum und Antreiber, der die Menschen in Krankheit, Depressionen und erschöpfte Verzweiflung führt, lag einzig und allein in mir selbst.

Finde heraus, was dich ungesund antreibt. Wenn du dich in einer Situation befindest, in der du dich unwohl fühlst, hast du drei gesunde Handlungsmöglichkeiten. Verändere die Situation, wenn du kannst oder verlasse sie. Wenn das nicht geht, akzeptiere sie genauso, wie sie ist.

Depressionen entstehen, wenn sich im Laufe der Zeit deine unterdrückten Gefühle, wie Trauer, Wut und Ohnmacht »aufeinanderstapeln« und vom Körpersystem und deinem Geist nicht mehr gesund zu kanalisieren sind.

Ein Weg, um Depressionen wieder loszuwerden, ist die Bereitschaft, sich den Gefühlen, die wahrscheinlich seit deiner Kindheit nicht angeschaut wurden, vorbehaltlos zu stellen und sie zu fühlen. Vieles wurde und wird unterdrückt, das Leben wird schwer und scheint manchmal keinen Sinn mehr zu ergeben.

Ich empfehle dir, dich in die Hände einer bewussten Behandlerin oder eines bewussten Behandlers zu begeben, die psychotherapeutisch und ganzheitlich ausgerichtet sind. Lasse sich bei der Wahl hauptsächlich von deinem Gefühl leiten und nicht nur von deinem Verstand oder der Frage, wer die Rechnungen für die Sitzungen übernimmt.

Wir geben gern Geld für vieles aus, warum also nicht für das Wichtigste, unser Lebensglück?

Eine Lebenskrise nur mit Spiritualität zu bewältigen, ist nicht möglich. Viele Menschen versuchen das, doch die bis dahin nicht integrierten Gefühle kommen wieder hoch und stören sowohl das Privatleben als auch den spirituellen Weg. Um innere Arbeit kommt man nicht herum, egal, ob man Angst davor hat. Doch unser Ego glaubt, dass wahre Gefühle es umbringen würden und so versucht es, viele natürliche Gefühlsregungen und Handlungen zu unterdrücken, die uns wieder in gesunde Bahnen lenken würden. Das Ego würde das natürlich nicht zugeben.

Wahrhaftig ausgelöste Gefühle, wie Trauer oder Verärgerung, können uns viel besser den Weg zeigen als die verzerrte Stimme des eigenen Ichs, das Angst vor Veränderungen hat. Ein Ich ist starr, aber das Leben und die Gefühle des Menschen sind fließend. Der Fluss ist unser natürlicher Daseinszustand, nicht die Starrheit.

Gedanken und Emotionen tauchen auf, vermischen sich miteinander und ergeben ein Knäuel an Wirrungen, das sich nicht ohne Weiteres lösen lässt. Man weiß nicht mehr, was man tun soll. Doch wenn dein Gefühlsleben wieder voll auftaucht und manche Dinge dein System entweder verlassen können oder sich gesund darin integrieren, wird das Leben klarer. Ist die Auflösung geschehen, ergeben sich meist neue Wege. Du kannst Dinge erkennen und Handlungsmöglichkeiten erhalten, die du vorher nicht für möglich gehalten hättest. Aber dafür ist eine verantwortungsvolle und bewusste Mitarbeit notwendig (Auch hier ist klar, dass das Leben alles macht, aber das lassen wir einmal aus praktischen Gründen beiseite).

Was ist deine Sehnsucht? Was suchst du und was brauchst du wirklich? Was willst du wirklich gern tun und wie würde eine optimale Version von dir selbst aussehen? Stelle dir ernsthaft diese Fragen, und mit hoher Wahrscheinlichkeit werden fühlbare Antworten oder Bilder in dir entstehen, die dir den Weg weisen können.

Du weißt nicht, was das Leben bringt. Wir tragen Vorstellungen in uns, was uns zukünftig gut oder weniger gut tun würde, aber nichts davon ist absolut richtig. Es sind nur Gedanken, die jetzt in der

Gegenwart auftauchen und eine Realität vorspielen, die es nicht gibt. Nur der jetzige Moment existiert und das, was darin erscheint. Und es gibt im jetzigen Moment Gefühle, die wesentlich wahrer sind als die laute Stimme des Verstandes, des Ego.

Wenn sich bei einer wichtigen Fragestellung in deinem Leben, zum Beispiel nach einer beruflichen Veränderung, etwas in dir zusammenzieht, weißt du, dass es nicht der richtige Weg ist. Weitet sich etwas in dir oder du empfindest ein angenehmes Kribbeln, Wärme oder vielleicht auch etwas Aufregung, orientierst du dich in die gesündere Richtung. Unser Körper und unsere nicht blockierten Gefühle sind ein guter Kompass, um Lebensentscheidungen zu treffen. Unser Verstand, unser Ego, ist konditioniert und hat starre Regeln und Vorstellungen. Aber das, was du wirklich bist, ist flexibel und frei. Wenn du wieder vollen Zugang zu deiner Kraft hast, wird vieles leichter.

Setze dich hin und frage dich zunächst, wozu du dein momentanes Leid und dein derzeitiges Handeln und Nicht-Handeln benötigst. Dann frage dich nach deiner wahren Sehnsucht und begebe dich anschließend in die Hände eines gut ausgebildeten, ganzheitlichen

Behandlers, der dir weiterhilft, deine Gefühle wieder frei zu fühlen. Habe Vertrauen in das Leben, das du selbst bist. Man kann im Leben keine falschen Entscheidungen treffen, denn alles geschieht genauso, wie es soll. Dennoch kann man in diesem Spiel des Lebens mitspielen und so tun, als ob man möglichst bewusste Entscheidungen trifft.

Wie die Früchte einer bewussten Neuorientierung genau aussehen ist unbekannt, aber oft schmecken sie ziemlich gut.

Das Richtige tun

Woher wollen wir wissen, was das Richtige ist? Wir können denken, planen und versuchen, alles Mögliche zu kontrollieren. Aber ist jemals in unserem Leben alles exakt so eingetroffen, wie wir es gewünscht oder geplant hatten? Manchmal scheint es so zu sein, aber es geschieht nur, wenn es so sein soll, und das entscheiden nicht wir. Mit Glück stellt sich irgendwann heraus, ob man das »Richtige« getan hat, wobei auch das nur eine Bewertung des menschlichen Verstandes ist. Was für mich richtig erscheint, kann für den Nächsten vollkommen falsch sein. Deshalb empfehle ich, die anstehenden Dinge so gut und bewusst zu erledigen wie möglich.

Bleibe mit deiner Achtsamkeit bei dem, was du gerade tust und schweife gedanklich nicht in die Vergangenheit oder Zukunft ab, es sei denn, du benötigst praktisches Wissen für deine derzeitige Tätigkeit.

Wenn du die anstehenden Dinge mit Bewusstheit erledigst, haben sie eine andere Qualität, als wenn sie achtlos durchgeführt werden. Das bedeutet aber nicht, dass bewusst ausgeführte Handlungen letzten Endes immer richtig erscheinen.

Doch führen bewusste Aktivitäten oft zu bewussten Ergebnissen und im Endergebnis zu weniger Fehlern. Auf diese Weise kann man Zeit und Lebensenergie sparen. (Wenn wir hier einmal für kurze Zeit das Modell von Zeit und Lebensenergie nutzen wollen. :))

Bleibe bei allem, was du tust, so gegenwärtig wie möglich. Dann machst du alles richtig.

Das Streben nach Geld

Der Wunsch nach materieller Sicherheit entspringt dem Egowunsch nach Sicherheit. Wir glauben, dass ein bestimmter Geldbetrag auf dem Konto unseren Lebensstil sichern und uns vor einigem Kummer bewahren kann. In dieser Welt, wo gewisse Regeln herrschen, scheint das auch in begrenztem Rahmen zu stimmen.

Wenn wir einer erfüllenden Tätigkeit nachgehen, ist es gut möglich, dass materielle Fülle folgt. Das ist aber kein kosmisches Gesetz, sondern nur eine »Kann-Regelung« des Seins. Wir wissen nicht genau, warum wir manchmal in materieller Leere oder in materieller Fülle leben. Jedoch können beide Situationen wunderbare Lehrmeister für uns sein, sich mit der veränderbaren Natur des Lebens auseinanderzusetzen und an nichts festzuhalten.

Das Glaubensmuster, viel Geld erlangen zu müssen, hat in den Köpfen der meisten Menschen Vorrang und spiegelt sich überall im täglichen Leben wider. Jeder kennt diese Gespräche unter Freunden: »Die Müllers haben es geschafft.« Damit gemeint ist meist das Erreichen von materiellem Wohlstand. Selten hinterfragt wird der Bewusstseinszustand derjenigen, die es »geschafft« haben. Haben sie Frieden und innere Fülle erhalten oder liegt jetzt nur ein Haufen Geld auf dem Bankkonto, begleitet von der Sorge um Betrug oder Verlust und der eigenen Inkompetenz, mit dem Geld etwas Sinnvolles anzufangen?

Handelt es sich bei dem Erwerb des Wohlstandes um das Ergebnis jahrelanger harter Arbeit und großen Kampfes, wird oft erst am Lebensende erkannt, dass wertvolle Lebenszeit verschwendet wurde, um dorthin zu kommen.
Trotz Reichtum und Ansehen ist das ehrliche Resümee häufig ernüchternd. »Ich bin immer noch unzufrieden. Was habe ich jetzt eigentlich erreicht?«

Die Antwort lautet: nichts von wahrer Bedeutung.

Natürlich gibt es auch bewusste Menschen, die reich sind, und das ist eine gute Kombination, wenn sie Wohlstand und Bewusstheit teilen und dadurch Sinn stiften. Es ist weder »schlimm« noch unspirituell, nach Geld zu streben, die Gefahr liegt hier bloß in der vermehrten Ablenkung von der Gegenwart. Wenn wir ständig mit Geldbeschaffung beschäftigt sind, bekommen wir vielleicht nicht mehr mit, dass draußen die Sonne scheint und die Vögel zwitschern.

Natürlich sind Steuern und Miete zu zahlen. Aber das kann man auch mit Gleichmut erledigen, anstatt sich währenddessen etwas anderes zu wünschen. Diese Haltung erzeugt nur Widerstand gegen den jetzigen Moment.

Wünsche jeglicher Art ziehen uns aus der Gegenwart heraus und gaukeln uns eine andere Realität vor, die attraktiver erscheint. Trotzdem ist es nur eine Gedankenform, die jetzt auftaucht. Ein klarer Blick auf den jetzigen Moment ist erfüllender als der durch illusionäre Gedankenmuster verzerrte.

Es ist, wie es ist, und wenn wir unseren Tätigkeiten mit Liebe und Engagement nachgehen, sind wir schon jetzt erfüllt und brauchen nicht zwanghaft nach materieller Fülle zu streben.

Das Zitat von Jesus, alles Weltliche aufzugeben, wird vielleicht noch missverstanden. Der historische Jesus, und auch das ist nur eine Geschichte, lebte in relativer Armut und hatte doch alles, was er benötigte. Wir brauchen seine Lebensweise nicht zu kopieren, aber der Essenz seiner Hinweise zu folgen, kann nicht schaden. Immer wieder wies er darauf hin, dass man sich nicht durch das sogenannte Außen vom Entdecken seiner wahren Natur ablenken lassen soll. Er mahnte an, nach innen zu schauen, um die göttliche Natur zu finden und erklärte die Einfachheit des Seins. Jesus hatte in dieser Geschichte seine Funktion vom Leben erhalten und jetzt haben wir unsere. Und dazu kann es auch gehören, viel oder wenig Geld zu verdienen.

Wenn du viel Geld verdienst, dir schöne Dinge leisten kannst und dabei Bewusstheit in die Welt ausstrahlst, ist das schön, und ich freue mich mit dir.

Ein spiritueller Beruf

Mit Absicht einen spirituellen Beruf zu ergreifen wird nicht nicht möglich sein, weil wir nicht wissen, was das Leben für uns plant.

Es ist auch egal, welchen Beruf du hast, denn deine Funktion ist es hier, deine wahre Natur zu fühlen und das Licht des Bewusstseins auf deine Weise in dieser Welt strahlen zu lassen. Es spielt keine Rolle, ob du eine spirituelle Lehrerin bist, ein Verkäufer, ein Staatspräsident oder ein Astronaut, der ganz allein auf dem Mars herumläuft.

Weil alles miteinander verbunden ist, trägt die steigende Bewusstheit jedes Menschen zu steigender Bewusstheit der Gesamtheit bei. Das kann in jeder Form geschehen und es ist nicht zu berechnen, welches die optimale Form ist. Alles wird vom Sein gemacht, so wie es sein soll.

Ich benutze den Begriff »Spiritualität«, um deine Aufmerksamkeit auf die wahre Natur des Seins zu richten. Trotzdem stammt er aus dem Bereich der Dualität und ist nur ein hilfreiches Konzept. Alles ist spirituell oder nicht spirituell und deshalb kannst du beruflich machen, was dir Freude bereitet.

4. Liebe und Beziehung

Wahre Liebe

Alles soll so funktionieren, wie wir es uns vorstellen. Beruf, Umwelt und vor allem unsere Beziehungen sollen uns geben, was wir dringend suchen: Erfüllung und Sicherheit.

Seltsam nur, dass ausgerechnet Beziehungen das nur selten dauerhaft bieten.

Gerade frisch verliebt sieht die Welt rosarot aus, und die Partnerin oder der Partner ist genau das, was uns zu unserem Glück noch gefehlt hat. In ihrer oder seiner Nähe fühlen wir uns sicher, und manchmal kommt es zu Momenten inniger Nähe, wo wir Maske und Rolle fallen lassen und sein können, wie wir sind. »Das ist wahre Liebe«, denken wir.

Doch schon oft nach kurzer Zeit funktionieren die Beziehung und der Partner nicht mehr so, wie wir es uns wünschen. Kleine Streitigkeiten tauchen auf, häufig über bedeutungslose Dinge, und der Partner tut etwas anderes als wir insgeheim von ihm erwarten. Aus unserer Liebe wird Irritation, die sich zu Gereiztheit oder manifestem Ärger auswächst.

Aber wie kann das sein? Kann Liebe in Wut oder Hass umschlagen?

Natürlich nicht, denn wahre Liebe kennt kein Gegenteil. Was hier stattfindet, hat mit Liebe nichts zu tun. Es begegnen sich zwei Bedürftige, zwei Bettler, die voneinander glauben, der andere habe etwas in der Tasche, das man gut gebrauchen könne. Die unbewusste Gedankenkette dazu lautet in etwa so: »Du bist mein Eigentum und hast etwas, das mir fehlt. Gib es mir und bleib so, wie ich dich haben will. Dann ist alles gut und das ist dann meine Liebe zu dir. Aber wehe, du änderst dich. Dann hasse ich dich, weil du mich enttäuscht hast.«

Liebe wird meist mit Besitz, Brauchen und Bedürftigkeit verwechselt. Deshalb kommt es in Beziehungen häufig zu Schwierigkeiten. Solange die wahre Fülle im Leben nicht gefunden wird, ist uns nichts genug. Kein Partner, keine Lebenssituation und kein Geld können ausreichen. Wir sind aber nicht absichtlich so, denn zusammen mit einem großen Teil der

Menschheit befinden wir uns im kollektiven und unbewussten Glauben, dass uns etwas fehlt.

Oft ist mit dem Thema Liebe ein Gefühl des Mangels verknüpft, das nicht so einfach entdeckt und entfernt werden kann. Erst wenn ein gewisser Grad an Achtsamkeit erreicht ist, werden wir uns der inneren Abläufe bewusst und können etwas für uns tun.

Begeben wir uns auf den Weg zu unserer Quelle, zur echten Fülle, fallen die Bedürfnisse und Erwartungen unseres alten Selbst ab, weil sie als bedeutungslos erkannt werden. Wenn das Gefühl der Getrenntheit verschwindet, erscheinen Mitgefühl und Liebe, in dem Erkennen, dass alles einheitlich verbunden ist.

Nur mit voller Verbindung kann wahre Liebe empfunden werden. Wären wir wirklich ein getrenntes Individuum, zu wem könnten wir dann Gefühle entwickeln?

Das natürliche Bestreben der Liebe ist freie Ausweitung, und wenn sie sich nicht begegnen darf, erscheinen Trauer und Wut. Oft wünschen wir, unsere Liebe weiterzugeben, um damit jemandem etwas Gutes zu tun oder um Liebe zurück zu erhalten.

Diese Sehnsucht kann ein Grund dafür sein, Kinder zu bekommen oder Kontakt zu vielen Menschen herzustellen.

Hier ist es hilfreich, auf einen weiteren gedanklichen Irrtum hinzuweisen. Liebe zu erhalten oder weiterzugeben ist nicht möglich. Liebe umfasst alles und ist der Kern jedes Wesens. Wir haben keine Liebe, wir sind Liebe. Liebe löst in lebendigen Wesen Liebe aus. Erkennen wir jemanden in seiner Essenz als vollkommen gleich mit uns, fühlen wir dieses Einssein als Liebe.

Sollten wir keine Kinder haben, brauchen wir nicht traurig zu sein, denn durch das Erkennen des Einsseins im Anderen bietet uns die Welt viele weitere Möglichkeiten, sich als Liebe zu spüren.

Die Ganzheit der Liebe kennt weder Bedürfnisse noch Besitzansprüche. Sage zu deinem Partner und den Menschen in deinem nächsten Umfeld:

»Ich brauche dich nicht, aber ich freue mich von Herzen, dass du da bist.«

Diese Haltung spricht aus wahrhaftiger Liebe und sie erzeugt sowohl echte Freiheit als auch echte Verbundenheit in eurer Beziehung.

Fühle und erkenne: Wahre Liebe benötigt nichts, weil sie alles ist. Sie ist Einheit und kennt kein Gegenteil.

Vertrauen und Liebe

Manchmal fragen wir uns, ob Vertrauen wichtiger als Liebe ist. Doch Vertrauen ist nicht wichtiger als Liebe, weil durch diese Unterscheidung Trennung in das Eine gebracht wird.

Wahre Liebe ist das fühlende Erkennen des Einsseins in allem. Liebe ist nur ein anderes Wort für deine wahre Natur. Wenn das illusionäre Ich zerfällt, erscheint ein Gefühl von allumfassender Liebe, zusammen mit einer inneren Klarheit und dem vollkommenen Akzeptieren dessen, was ist.

Wenn du vollkommen akzeptieren kannst, was jetzt ist, ist es gleichbedeutend mit Vertrauen in das Leben. Da es aber kein persönliches Ich gibt, könnte man vielleicht eher sagen, dass das eine Leben sich selbst vertraut und sich selbst als Liebe spürt.

Vertrauen und Liebe sind nur zwei verschiedene Worte für die eine zeitlose Essenz. Nichts ist wichtiger als das andere, denn alles ist eins.

Wenn du jemanden wirklich liebst, was empfindest du dann? Vertrauen. Und wenn du jemandem wirklich vertraust, was empfindest du dann? Liebe.

Tantrischer Sex und Erleuchtung

Da es niemanden gibt, der etwas tun kann, kann eine Person nichts persönlich bewirken. Obwohl es sich bei persönlicher Erleuchtung also nur um eine Illusion handelt, kann innerhalb des Lebensspiels scheinbar alles dazu führen, wie zum Beispiel einen Staubsauger zu reparieren oder ein Eis zu essen.

Natürlich kann dann auch tantrischer Sex zur Erleuchtung führen. Oder jahrelange Enthaltsamkeit. Doch in Wahrheit ist schon alles erleuchtet, das wird bloß meist nicht erkannt. Wie ich schon erwähnte, gibt es weder Ursache noch Wirkung, und deshalb führt nichts zu irgendetwas. Dieses Spiel ist mit dem Verstand nicht zu begreifen.

Es gibt keine Zeit, dennoch scheint einiges zu geschehen. Aber alles geschieht nur in der zeitlosen Gegenwart. Gleichzeitig und zeitlos, das ist das Paradoxon.

Mache dir keine Gedanken darum, ob, wie viel und welchen Sex du haben solltest. Hauptsache, du hast Spaß daran. Vielleicht durchschaut das Sein an »deinem Körperort lokalisiert« die Illusion, eine Person zu sein. Stress oder ein zwingendes Bestreben ist aber in keinem Lebensbereich nötig, vor allem nicht, was sogenannte Spiritualität anbelangt, und auch nicht beim Sex.

Sexuelle Orientierung

Das Leben erschafft sich in vielen Varianten und manchmal sage ich: »Auf Gottes Wiesen blühen viele Blumen.« Alles ist genauso, wie es sein soll, denn sonst wäre es anders. Doch in diesem Spiel des Lebens scheint es gewisse Regeln zu geben, die ständig auftauchen.

Gelegentlich scheint es so zu sein, dass Menschen mit bestimmten sexuellen Orientierungen Gedanken und innere Bilder verknüpfen, die diesem Thema etwas Negatives geben. Im Folgenden werde ich keine tiefenpsychologischen Erklärungen geben, weil es nicht mein Fachgebiet ist.

Möglicherweise verbinden manche Menschen mit z. B. Homosexualität etwas Verwerfliches oder »Sündiges«. Im Geist tauchen Vorstellungen auf, wie homosexuelle Liebe aussieht und wie eine homosexuelle Beziehung abläuft.

Ein Gefühl der Ablehnung taucht auf; und weil man mit seinen eigenen, seltsamen Vorstellungen über Homosexualität nichts zu tun haben will, lokalisiert man die vermeintlichen Verursacher der eigenen unangenehmen Gefühle im Außen und greift sie an.

Gedanken und innere Bilder haben die Eigenschaft, die derzeit ablaufende Realität zu verzerren. Zwei gleichgeschlechtliche Menschen gehen Hand in Hand am Ufer eines Flusses spazieren und in einem anderen Menschen entstehen Urteile, die diese Menschen als unnatürlich abstempeln. Doch die Wirklichkeit lautet: Am Ufer eines Flusses gehen zwei Menschen Hand in Hand spazieren.

Die meisten Gedanken haben die Eigenschaft, die Aufmerksamkeit fast vollständig auf sich zu ziehen und vorzugaukeln, sie seien die Wahrheit, die man unbedingt glauben müsse. Selten fällt auf, dass alle Gedanken vom Sein in der Gegenwart erzeugt werden. Es gibt daher keine Qualitätsunterschiede im Denken, weil alles gleichberechtigt gemacht wird.

Doch ein urteilender Mensch hat keinen klaren Blick auf die Realität. Hier liegt ein Fehlurteil des Ego vor, das Angst vor dem Unbekannten hat. »An sich ist nichts weder gut noch böse. Das Denken macht es erst dazu.« So hatte es William Shakespeare schon erkannt.

Das Problem ist nicht eine Situation oder die Art einer Beziehung, sondern der auftauchende Gedanke »Es soll nicht so sein. Es soll anders sein.« Diese der Wirklichkeit entgegenlaufenden Gedanken erschaffen ein inneres Spannungsfeld, das häufig von negativen Emotionen begleitet wird. So wirkt das innere Geschehen noch überzeugender und ist nur noch sehr schwer als vorüberziehende Illusion zu entlarven.

Die gute Nachricht lautet, dass viele Menschen keine Probleme mit verschiedenen sexuellen Orientierungen haben und die Gegenwart so akzeptieren und lieben, wie sie ist.

Solltest du ebenfalls Probleme mit bestimmten Situationen und Erscheinungsformen des Lebens haben, frage dich ehrlich, ob die tatsächliche Situation deine Ablehnung erzeugt oder ob es nur ein Gedanke in dir ist, der behauptet: »Das sollte anders sein.«

Verlangen nach Liebe und Sex

Das Verlangen nach Liebe und Sexualität ist die abgelenkte Suche des Seins nach sich selbst. Das eine Leben weiß um seine wahre, liebevolle Natur, hat sich aber ein Spiel ausgedacht, in dem es sich vor sich selbst versteckt. Nun lautet die Hauptspielregel: »Ich will mich wiederfinden.«

Die Liebe des Seins durchdringt alles und ist je nach Situation mehr oder weniger spürbar. Da aber das ablenkende und sehr faszinierende Spiel des Lebens läuft, glaubt das Leben – zurzeit in der Form einer scheinbaren Person – es könne die Liebe woanders suchen als bei sich selbst. Und so wird im sogenannten Außen nachgeschaut, und im festen Glauben an eine Trennung werden andere Menschen das Zielobjekt, um Liebe zu erhalten.

Wenn du glaubst, dass dieser oder jener Mensch dir Liebe bringen könnte, übersiehst du deine wahre Natur. Du bist die Liebe selbst, und wenn sich die Aufmerksamkeit auf diese Tatsache richtet, brauchst du nicht mehr woanders zu suchen. Es hat auch keinen Sinn, woanders zu suchen als in dir, denn nur dort findest und fühlst du das, was du wirklich bist. Das Verlangen nach Liebe ist das Verlangen nach sich selbst, nach dem erkennenden Fühlen der eigenen, wahren Natur.

Mit dem Verlangen nach Sex verhält es sich ähnlich. Das ist der Wunsch nach Einheit, und auch hier suchst du an der falschen Stelle, denn das eine Leben, das du bist, ist bereits die vollständige Einheit, in der nichts fehlt. Auch hier suchst du nicht nach Sex, sondern nach einem vermeintlich fehlenden Teil deines Selbst. Du bist die liebende Einheit, die für eine Weile glaubt, ein abgetrennter Mensch zu sein, dem etwas fehlt. Auf praktischer Ebene gibt es einen weiteren Hinweis, was Sexualität anbelangt.

Wenn wir uns mit einem anderen Menschen vereinen, suchen wir nicht nur den Höhepunkt, sondern vielmehr die Entspannung und den Frieden, die sich danach einstellen. Das Lebensspiel gaukelt einem aber auf vielen Kanälen vor, dass es nur darum geht, einen fulminanten Höhepunkt zu erleben. Doch in Wahrheit suchst du nur den Frieden deiner wahren Natur, des einen verbundenen Lebens.

Für deine wahre Natur gibt es viele Begriffe: »Liebe«, »Einheit«, »Frieden«, »Sein« usw. All das sind Facetten unseres wahren Wesens, aber anstatt es zu ergründen, suchen wir unser Heil häufig in der Dualität und scheitern glorreich daran. Liebe und Sex sind schön. Genieße sie im Erkennen, dass es nichts zu suchen gibt und dass du nichts vom Anderen brauchst, weil schon jetzt alles eins ist. Es fehlt nichts. Jedes Verlangen ist immer nur das Verlangen nach dem wahren Selbst.

Eifersucht

Eifersucht entsteht aus dem Irrglauben, dass dir jemand oder etwas gehört und du alleinigen Anspruch darauf hast. Und wenn dir dieser Mensch oder dieses Ding abhandenkommt, fehlt dir etwas und du leidest.

Aber ist dir schon einmal aufgefallen, wie es dazu gekommen ist, dass du überhaupt auf diesem Planeten sein kannst? Das eine Leben hat es als wertvoll erachtet, sich auch als dich hier zu manifestieren. Dazu hast du kein Quäntchen beigetragen. Du, als scheinbare Person, bist nur eine freundliche Leihgabe des Universums und niemand weiß, wann dieser Körper wieder zerfällt. Das hört sich vielleicht extrem an, aber genauso ist es.

Auf was könntest du dann eifersüchtig sein? Du hast keine Macht, hier zu sein und du hast keine Macht, nicht zu existieren.

Obwohl es so scheint, ist da niemand, der etwas tun kann. Das Sein erzeugt alles. So gesehen gehören ihm alle Inhalte, denn es ist alle Inhalte. Dir gehört nichts, denn du bist nur eine flüchtige Erscheinung in allem. Aber du brauchst jetzt keine Angst zu haben, weil du nicht nur dieses kleine Du bist. Du bist das Sein selbst, das nichts braucht, weil es schon alles ist.

Wenn Eifersucht in einer Beziehung herrscht, ist keine wahre Liebe anwesend. In einer wahrhaft liebevollen Beziehung kann dir niemand gehören und dich niemand betrügen. Der einzig existierende

Betrug ist dein eigener Selbstbetrug, du könntest jemanden besitzen.

Es ist nicht dein Partner, sondern *ein* Partner, mit dem du zurzeit zusammen bist. Alles wird bereitgestellt, wozu du nichts beigetragen hast. Sei dankbar, dass du an diesem bunten Geschehen teilhaben darfst. Es hätte auch anders laufen können, und zwar so, dass gar kein Leben mit dir stattfindet.

Nur das Leben hat die Kontrolle, und du hast nichts zu kontrollieren, auch nicht deine Partnerin oder deinen Partner. Diese Aussage widerstrebt der Konditionierung des Ego, weil es sich über kontrollierende Gedankenmuster definiert. Und auch dieses Geschehen taucht einfach so im Sein auf.

Eifersucht und Liebe gehen nicht gemeinsam unter den Hut der Erkenntnis. Wenn du eifersüchtig bist, liebst du nicht und wenn du liebst, bist du nicht eifersüchtig. Erfüllte Liebe kennt keine Besitzansprüche und braucht nichts. Wie ich schon vorhin beschrieben hatte: Gehe zu deiner Partnerin oder deinem Partner und sage ihm, dass du nichts von ihm brauchst, dich aber sehr darüber freust, dass sie oder er da ist. So schaffst du echte Freiheit und echte Verbundenheit in eurer Beziehung.

Wahre Liebe ist Einheit und sie kennt kein Gegenteil. Erkenne, dass du immer nur auf dich selbst eifersüchtig bist, weil du alles bist. Wenn dir das Spaß macht, kannst du noch eine Weile so weitermachen.

Aber vielleicht hört die Eifersucht einfach auf und lässt alle Menschen in deiner Umgebung, inklusive dich selbst, frei.

Heirat und »Erleuchtung«

Erleuchtung ist das Erkennen, dass niemand in Person existiert, der erleuchtet sein könnte. Wer könnte dann verhindern, dass eine Heirat stattfindet?

Alles geschieht so, wie es geschieht, und es ist niemand da, der daran etwas ändern kann.

Deshalb heiraten manche »Erleuchtete« und manche nicht.

5. Kinder

Kinder für ein erfülltes Leben

Die größte Erfüllung im Leben ist es, wenn die wahre Natur sich selbst erkennt. Es handelt sich um das fühlende Erkennen des Einsseins mit sich selbst. Wenn die einengenden Barrieren der Identifikation mit dem illusionären Ich entfallen, kann ein Gefühl von bedingungsloser Liebe erscheinen, das mit nichts vergleichbar ist. Insofern sind Kinder nicht notwendig für ein erfülltes Leben.

Viele Menschen wünschen sich Kinder, damit sie ihre Liebe weitergeben können, damit sie Liebe zurückerhalten, um in einem vertrauten Familienverbund zu leben, und vielleicht auch, um im Alter nicht allein, sondern umsorgt zu sein. Das alles sind wunderbare Gründe, um Kinder zu bekommen. Doch bei alldem ist nicht klar, ob sich diese Wünsche auch erfüllen werden. Man hofft auf eine erfüllte Zukunft, für die auch andere Menschen, in diesem Fall die eigenen Kinder verantwortlich sein sollen.

Falls das unbewusste Gedankenmuster »Mach mich glücklich« vorhanden ist, wälzt man die eigene Lebensverantwortung auf andere Menschen ab. Meist sind es die Menschen aus dem nächsten Umfeld, die einen glücklich machen sollen.

Falls du einen Kinderwunsch hast, ist das vollkommen natürlich. Trotzdem bitte ich dich, wenigstens einmal nachzuschauen, welche Motivation hinter deinem Wunsch steckt. Wenn dir deine wahren Beweggründe klar sind, brauchen deine Kinder später nichts für dich zu leisten, was du bisher in deinem Leben vielleicht versäumt hast.

Wenn du deine Kinder umarmst und ihre Liebe spürst, spürst du in Wirklichkeit deine Liebe. Die Kinder sind nur der Auslöser dafür, dass du dich selbst als Liebe spüren kannst. Das Leben bietet noch viele weitere Gelegenheiten, in denen du dich als Liebe spüren kannst.

Es gibt Menschen, die von vornherein fühlen, dass Kinder nicht zu ihrem Lebensweg gehören. Auch das ist völlig in Ordnung, denn selbst wenn die Natur die Fortpflanzung eingerichtet hat, ist sie nur als Angebot zu verstehen und nicht als Zwang. Wir haben *nicht* die Aufgabe, den Fortbestand der Menschheit zu sichern. Das Leben sichert den Fortbestand auf seine Weise und nicht auf unsere. Es wird weiterleben, denn das ist seine Natur.

Die auf diesem Planeten stark zunehmende Bevölkerung wird noch so lange weiter wachsen, wie es dem Wohl des Ganzen dienlich ist. Vielleicht ist irgendwann eine Grenze erreicht, wo sich das Spiel des Lebens auf diesem Planeten drastisch ändert.

Trotzdem brauchen wir keine Angst zu haben, weil alles Geschehen auf dieser Ebene des Daseins von vorübergehender Natur ist. Und alles, was vorübergeht, ist letztendlich nicht wirklich.

Deine Person und jeder und alles, was dir hier lieb und teuer ist, stammt aus dem Bereich der Formen. Alle Formen werden früher oder später zerfallen, doch gleichzeitig ist deine wahre Natur und die der sogenannten Anderen unsterblich.

Wenn Kinder da sind, ist das gut. Aber verlange nicht von ihnen, dass sie dich erfüllen. Das wird auf Dauer nicht funktionieren, sondern nur zu Belastungen führen. Finde die wahre Erfüllung in der Erkenntnis deiner wahren Natur, und du wirst in der Lage sein, weniger Erwartungen an deine Kinder und dein Umfeld zu stellen. Und das ist wahre Liebe.

Kinder als Ablenkung vom spirituellen Weg

Kinder können als zeitweise Ablenkung von der spirituellen Entwicklung erscheinen, aber sie sind kein Hindernis. Häufig sind Kinder allerdings eine große Herausforderung, wenn man das Bedürfnis nach mehr Raum für die spirituelle Entwicklung hat.

Verantwortungsvolle Eltern sind meist ansprechbar und sorgen nach besten Kräften für ihre Sprösslinge. Daher ist es wahrscheinlich, dass Eltern weniger Zeit für ihre eigenen Bedürfnisse haben als Menschen ohne Kinder.

Dennoch lässt sich die spirituelle Entwicklung weder verhindern noch beschleunigen. Alles geschieht genauso, wie es geschehen soll, und nichts kann daran etwas ändern.

Auch wenn es auf dieser Ebene des Daseins so aussieht, als ob viele Faktoren unser Leben stark beeinflussen, befindet sich alles im Fluss des Lebens. Es scheint hier Spielregeln zu geben, an die sich diese illusionären Charaktere, die Personen halten dürfen. Der Spielführer ist das Leben und es hat als Einziges den Überblick über das gesamte Spiel.

Solltest du manchmal angestrengt von deinen Kindern sein und ihnen insgeheim vorwerfen, dass sie dich an deiner spirituellen Entwicklung hindern, sei dir bewusst, dass das Leben auf Autopilot läuft und du als scheinbarer Charakter darin nur ein Teil des Ganzen bist.

Das Leben kann dich beeinflussen, aber du nicht das Leben.

Vor diesem Hintergrund geschieht alles in der richtigen Geschwindigkeit, und vielleicht erweisen sich gerade deine Kinder als deine größten Lehrmeister. Das Sein stellt alles so für dich bereit, wie es erforderlich ist, aber möglicherweise nicht so, wie du es dir wünschst.

Warum geschieht es so und nicht anders? Warum nicht? Bleib gelassen und akzeptiere die Gegenwart so, wie sie erscheint, denn du bist bereits jetzt ein perfekter Ausdruck des gegenwärtigen Seins – genau wie deine Kinder.

Kinder spirituell erziehen

Wenn du Kinder hast, würde ich sie zunächst auf spielerische Weise fragen, ob sie sich ihrer Gedanken bewusst sind. Vielleicht, ob es eine Stimme im Kopf gibt, die mal dies und mal jenes sagt.

Vielleicht kannst du dein Kind bitten, einen einfachen Satz, den es sich selbst ausdenken kann, dreimal zu denken. Wenn es dem Kind gelingt und es bestätigt, dass es diesen Satz dreimal gedacht hat, kann man seine Aufmerksamkeit zunächst auf die Gedanken und danach auf den sogenannten stillen Beobachter lenken, der das Erscheinen des Satzes im Kopf beobachtet. Ohne ihn könnte das Kind nicht bejahen, dass es den Satz dreimal gedacht hat.

Es gilt den Kindern zu verdeutlichen, dass man nicht die Stimme (die Gedanken) im Kopf ist, sondern die Stille, in der Gedanken und Gefühle auftauchen.

Falls das deinen Kindern nur ansatzweise klar wird, werden sie sich später wieder daran erinnern, und womöglich kommt es nicht zu einer fest zementierten Identifikation mit einem gedanklichen Ich. Auf diese Weise kann schon früh mehr Bewusstheit durch die vorhandenen Ego-Strukturen durchscheinen.

Es wäre sehr wertvoll, wenn diese einfache Übung bereits in Kindergärten und Schulen gelehrt würde. Wenn man sich schon früh daran gewöhnt, die eigenen Gedanken nicht mehr so ernst zu nehmen, besteht eine gute Chance für ein erfülltes Dasein und ein friedliches Miteinander.

Viel mehr gibt es für eine spirituelle Erziehung nicht zu tun, denn das Leben hat die vollkommene Kontrolle über alles Geschehen. Eigentlich ist da keine Person, die etwas tun kann, aber auf relativer Ebene sind diese Hinweise für dich und deine Kinder vielleicht hilfreich.

6. Gesundheit

Der Sinn von Krankheiten

Erkrankungen sind oft ein Hinweis darauf, dass sich unsere Haltung zum Leben in einer Schieflage befindet. Häufig machen wir etwas mit, das unserem Wunsch nach Ruhe oder Neuorientierung zuwiderläuft, und wir geraten unter erhebliche Anspannung. Die Lebensgeschwindigkeit ist zu hoch und wir fühlen uns dieser Situation hilflos ausgeliefert. Mit Glück tritt unser Körper schließlich auf die Bremse. Ab jetzt kann alles nur noch langsamer gehen, und notgedrungen müssen die Umwelt und wir nun Rücksicht auf unsere angeschlagene Verfassung nehmen. Der Zustand, den wir uns insgeheim herbeigewünscht haben, ist erreicht.

Vom Ego gesteuert, konnten wir entweder nicht sehen, dass wir den Wunsch nach Ruhe und Langsamkeit hatten, uns ihn nicht eingestehen, oder es war nicht genug Kraft vorhanden, sich gegen unsere eigenen Erwartungshaltungen und denen von außen durchzusetzen.

Krankheiten entstehen häufig durch Drucksituationen, in denen du unbewusst daran glaubst, dass ein Einstehen für dich mit Abweisung und Liebesentzug bestraft wird.

Vielleicht befindest du dich in einer anstrengenden Lebenssituation und spürst, dass dir alles zu schnell geht und du mehr Ruhe brauchst. Doch weil vermeintliche Verpflichtungen gegenüber Situationen, dem Partner, den Eltern oder dem Chef bestehen und du niemandem zur Last fallen willst, behältst du dieses Geheimnis für dich. Für dein natürliches Bedürfnis nach mehr Langsamkeit verurteilt dich die Stimme deines Ego scharf, weil du denkst, im Vergleich zu anderen stimme mit dir etwas nicht. Alle anderen scheinen ihre Aufgaben auch zu schaffen, nur du fühlst dich dafür zu schwach.

Eine solche Situation birgt Risiko und Chance zugleich, denn dein Körper hilft dir durch Warnzeichen, dein natürliches Tempo zu finden. Übersiehst du diese Warnsignale, gerätst du in einen Kreislauf aus Krankheiten, den damit verbundenen Schuldgefühlen und dem daraus resultierenden Entschluss des Ego, weiter zu machen wie bisher, um kein Ansehen zu verlieren. Du willst allen Ansprüchen unbedingt gerecht werden. Vor allen deinen eigenen.

Folgst du nun den Signalen des Körpers, kannst du deine Lebensgeschwindigkeit verlangsamen. Mit der gesunden Einsicht, dass wir nicht an Liebesentzug sterben werden, wenn wir für uns selbst einstehen, wäre eine Erkrankung wahrscheinlich nicht nötig.

Wenn wir es uns trauen würden, für uns selbst einzustehen, könnte etwas eintreten, das wir in dieser Situation dringend brauchen: Selbstliebe. Auf die eigenen Gefühle zu hören und sie zu fühlen, wenn sie auftauchen, ist kein Egoismus, sondern genau die bedingungslose Liebe, die wir bisher vergeblich im Außen gesucht haben. Da uns das natürliche Seinsgefühl in unserer Kindheit abhandengekommen ist, glauben wir aber, auf Liebe von außen angewiesen zu sein.

Dein wahres Wesen und dein Körper haben glücklicherweise ein tieferes Wissen. Deshalb gibt dir dein Körper jetzt ein deutliches Warnsignal: »Schau hin, was du mit mir anstellst. Tue mir (und deinem wahren Wesen) endlich gut.« Häufig werden diese Hinweise jedoch nicht erkannt und wir machen weiter wie bisher. Doch weil unsere wahre Natur wesentlich intelligenter ist als der sogenannte Verstand, wird unser Körper wahrscheinlich weiter gegen diesen falschen Weg angehen und stärkere Krankheitssignale produzieren.

Manchmal, wenn das Leid groß genug ist und wir zum Stillstand gezwungen werden, kommt die Einsicht, dass wir so nicht mehr weitermachen wollen. Hier kann eine Erkrankung ein Lehrer sein, der uns auf einen neuen und bewussteren Weg führt. Wir können diesem Lehrer dankbar sein, denn ohne ihn würden wir womöglich noch länger in der Unbewusstheit bleiben. Jetzt können wir bessere Entscheidungen treffen und uns neu entdecken.

Du hast jedes Recht, dich zu vertreten und darauf hinzuweisen, dass dein Lebensglück und deine Gesundheit wichtiger sind als alle Planungen. Das ist deine Wahrheit und niemand kann sie dir streitig machen. Habe den Mut, sie zu äußern und du wirst feststellen, dass bewusstes Handeln eine positive Wirkung im Außen und auf deinen inneren Frieden hat. Was hast du von einem tollen Haus oder einem hoch bezahlten Job, wenn der Körper an einem Herzinfarkt oder Schlaganfall zugrunde geht?

Lebensglück und innerer Frieden entstehen nur im jetzigen Moment und nicht in der Zukunft. Du weißt nicht, was das Leben für dich plant. Sei jetzt lebendig und nicht erst nach Abschluss eines scheinbar wichtigen Vorhabens. Stelle das wahrhaftige und liebevolle Miteinander in den Vordergrund des gegenwärtigen Daseins.

Mit Glück hast du noch die Wahl: Entscheide dich jetzt zwischen leidvoller Unbewusstheit und gesunder Ausgeglichenheit.

Die Identifikation mit einer leidvollen Lebenssituation ist ein häufig anzutreffender Bestandteil des menschlichen Selbstgefühls. Oft haben die Menschen keine Hoffnung auf Verbesserung ihrer Lage. Sie klammern sich an ihr Leid, weil es eine große Identifikationsfläche bietet und sie keinen anderen Weg mehr im Leben sehen. Deshalb fällt es schwer, den notwendigen Mut und die Bereitschaft aufzubringen, von der leidvollen Geschichte abzulassen und sich auf ein unbekanntes Leben ohne Leid einzulassen. Hier laufen unbewusste Abwehrmaßnahmen eines verängstigten Ego ab und nicht etwa Aktionen, die den bewussten Zweck verfolgen, sich das Leben bequemer zu machen.

Falls du jemanden kennst, der an seiner Erkrankung haftet, versuche nicht, ihn zu einer besseren Lebensalternative zu überreden. Sicher kannst du erwähnen, dass die Krankheit nicht zwangsläufig bleiben muss. Aber erst wenn sich im erkrankten Menschen die Bereitschaft entwickelt, etwas zu ändern, kann ein Integrationsprozess stattfinden.

Leichtfertig sind wir oft dabei, manche Personen als schwach zu bezeichnen oder als jemanden, der zwar kann, aber nicht will. Diese arrogante Haltung hat mit Nächstenliebe nichts zu tun. In schwierige Situationen verfangene Menschen haben oft den tief sitzenden Gedanken »Ohne meine Krankheit bin ich niemand.« Sie identifizieren sich fast vollständig mit ihrer Erkrankung, und oft gesellen sich gedankliche Geschichten des Ego hinzu, welche die ohnehin schon belastende Situation mit Drama rund um das Thema Krankheit »anreichern«.

Krankheit plus Drama ergibt Leid, und wenn sich Menschen mit ihrem Leid identifizieren, schlummert in ihnen die Angst, alles zu verlieren, was sie sind. Das Ego glaubt bestenfalls, es tauche ein Gefühl von Leere oder Langeweile auf, wenn es seine Opferrolle aufgibt. Meist aber befürchtet es den eigenen Tod.

Viele Menschen haben zurzeit keine andere Wahl, als so zu denken und zu handeln. Vielleicht ist Krankheit bei ihnen vorhanden, damit sie daran wachsen und schließlich aus der angsterfüllten Gedankenwelt des Ego erwachen können.

Manchmal kommen Neugeborene schon mit einer Krankheit zur Welt und in einem solchen Fall fragt man sich ganz besonders nach dem Sinn des Ganzen. Vielleicht soll auch hier die Erkrankung ein Lehrmeister sein, vielleicht für das Kind und vielleicht auch für die Eltern und das Umfeld. Aber genauso gut ist es möglich, dass das Leben sich in allen möglichen Varianten erfahren will, egal wie wir Menschen es beurteilen.

Wir wissen nichts mit Sicherheit, denn nur das Leben kennt den genauen Grund für das Vorhandensein von scheinbarer Krankheit.

Hilfe bei Krankheit und Depressionen

Wenn ein Mensch erkrankt ist, es darauf an, welche Möglichkeit er hat, sich bewusst mit seiner Erkrankung auseinanderzusetzen.

Ist nicht genügend Bewusstheit vorhanden, Krankheit als einen wertvollen Hinweis zur Veränderung zu begreifen, wird es kaum möglich sein, wirklich zu helfen. Wohlgemeinte Versuche, mit dem betroffenen Menschen über seine Erkrankung zu sprechen, werden mit großer Wahrscheinlichkeit abgelehnt.

Bewusstheit und Bereitschaft sind die wichtigsten Voraussetzungen für Veränderung, Auflösung oder Integration der bestehenden Krankheit. Der erkrankte Mensch muss nicht genau wissen, was zu tun ist, es kommt darauf an, dass er die Bereitschaft entwickeln kann, Veränderung zuzulassen. Wenn es vom Leben so vorgesehen ist, werden sich die passenden Wege zeigen.

Selbst wenn keine vollständige Genesung eintritt, bringt bereits die Erkenntnis, dass Schmerz nicht zwangsläufig Leid bedeutet, erhebliche Linderung.

Wird die Krankheit samt ihrer Erscheinungsformen akzeptiert, mag es sein, dass weiterhin noch seelischer oder körperlicher Schmerz vorhanden ist. Jedoch entfallen bei einem bewussten Umgang mit Krankheit die zusätzlich belastenden Opfer- und Leidgeschichten des Ego. Die Situation kann von dem Erkrankten nun gelassener betrachtet werden, als wahrheitsgemäßes »Es ist, wie es ist« und nicht als anstrengender Kampf »Das soll jetzt nicht so sein, warum passiert das gerade mir?«

Akzeptanz der vorliegenden Situation macht einen wesentlichen Unterschied aus, weil sie sofortige Erleichterung bedeutet. Zusätzlich ist es hilfreich, wenn man eine Erkrankung als etwas Vorübergehendes betrachten kann und sie nicht wie einen Stempel empfindet, der einem dauerhaft durch eine Diagnose aufgedrückt wurde.

Wenn ein Mediziner sagt, er könne nicht mehr weiterhelfen, bedeutet das nicht zwangsläufig, dass es keine Genesung mehr gibt. Es bedeutet nur, dass der Mediziner mit seinem Wissen am Ende ist. Das Leben, das wir sind, hält oft heilsame Fähigkeiten parat, für die wir keinen medizinischen Namen haben.

Die Situation eines Erkrankten lässt sich vergleichen mit einem Aufenthalt im Gefängnis. Angenommen, wir sind inhaftiert. Rebellieren wir gegen unsere Haft, richten wir uns zugrunde. Doch nehmen wir unsere scheinbar ausweglose Lage vollständig an, können wir trotz der widrigen Umstände ein Gefühl von Frieden und Einheit mit dem jetzigen Moment empfinden. Durch eine widerstandslose Haltung sind wir innerlich frei.

Wenn du helfen möchtest, ist es hilfreich, die Situation zuerst zu akzeptieren und dann zu fragen, was der erkrankte Mensch braucht. Du weißt nicht, wozu er sein Leid benötigt. Akzeptierst du seinen momentanen Zustand nicht, wird aus deiner gut gemeinten Hilfe ein einziger Kampf. Doch das Leben findet in vielen Formen statt und lässt sich nicht bekämpfen.

Gelegentlich begegnen uns seltsame Erklärungen, weshalb es angeblich zu einer speziellen Krankheit gekommen ist und welchen Sinn sie hat. Meist will sich hier ein esoterisch verkleidetes Ego kompetent und überlegen darstellen, um Anerkennung zu erhalten.

Aber weil es keinen vollständigen Überblick haben kann, ist es unfähig zu beurteilen, warum der Mensch von genau dieser Krankheit oder scheinbar negativen Situation betroffen ist.

Teilen wir, noch mit unserem Ego verstrickt, jemanden unsere Meinung über Ursache und den vermeintlichen Sinn seiner Erkrankung mit, handeln wir extrem unbewusst. Dieses Verhalten kann in den Menschen, die sich uns anvertrauen wollen, große Unsicherheit und Angst auslösen und enormen seelischen Schaden anrichten.

Selbst, wenn du glaubst, mit deiner Erklärung recht zu haben – lasse sie sein und erinnere dich daran:

Ein »Ich« kann nichts beurteilen.

Schmerz und Leid in unmittelbarer Nähe zu fühlen, ist eine der größten Herausforderungen im menschlichen Dasein. Wir möchten helfen und fragen uns, warum es ausgerechnet diesen Menschen oder uns selbst getroffen hat und wozu es Leid in der Menschheit gibt.

Das Leben ist weder zynisch noch hat es Interesse daran, uns zu quälen. Anscheinend werden manche Menschen durch Leid zu einer Richtungsänderung und mehr Bewusstheit in ihrem Leben bewegt. Aber nicht immer erfüllen Leid und Krankheiten diese Funktion und warum speziell dieses oder jenes passiert, wissen wir nicht. Es ist das Geheimnis des Lebens.

Mit körperlichem Schmerz umgehen

Es gibt einen Unterschied zwischen Schmerz und Leid. Schmerz, so wie ich ihn für diese Antwort definiere, ist ein körperliches Phänomen. Auf deine Frage bezogen, tut etwas im Körper weh. Wenn du körperlichen Schmerz spürst, ist es aber oft so, dass sich eine gedankliche Geschichte des Ego dazu gesellt, die eine noch unangenehmere Zukunft prophezeit, die angeblich garantiert so bleibt.

Nun hast du nicht »nur« Schmerzen, sondern du leidest zusätzlich unter einer mentalen Story, von der niemand weiß, ob sie sich jemals so erfüllen wird.

Kommt zu den körperlichen Schmerzen emotionaler Schmerz hinzu, wird die gesamte Situation noch qualvoller. Wozu unerträgliche Schmerzen da sind, weiß ich nicht. Vielleicht wollen sie die Egostrukturen zermürben, vielleicht auch nicht. Es ist das Mysterium des Lebens, das sich in allen Varianten zeigt.

Der Sinn des Daseins ist das Dasein selbst. Einen davon unabhängigen Sinn bezüglich einer bestimmten Situation zu nennen, der vollends tröstend sein könnte, ist nicht möglich. In dieser menschlichen

Form können wir kein Gesamtbild des Lebens vor Augen haben.

Ist trotz aller Schmerzen die Bereitschaft vorhanden, den Geschichten des Ego nicht mehr vollständig zu glauben, kann das bereits erhebliche Linderung bedeuten. Der innere Kampf gegen den vorhandenen Schmerz verschwindet und an dessen Stelle tritt das Akzeptieren der Gegenwart. Daraus können alternative und konstruktive Handlungen oder sogar Heilungen entstehen, die vorher nicht möglich waren.

Selbstverständlich bedeutet diese Situation auch weiterhin für jeden Menschen eine große Herausforderung.

Eine kleine Merkhilfe lautet: Schmerz ist Schmerz, Schmerz plus Gedankengeschichte bedeutet Leid.

Stress loswerden

Stress ist eine nervöse und mit Verärgerung vermischte Angespanntheit, hinter der sich ein Gefühl von Ohnmacht verbirgt.

Wenn du gestresst bist, möchtest du in dieser Situation woanders sein, du willst schon fertig sein und das Nächste erscheint dir wesentlich wichtiger als der jetzige Moment. Du hast keine Zeit, denn du musst noch etwas schaffen. Diese Gedanken sind in dir vorhanden und du schenkst ihnen vollkommenen Glauben. In deinem Kopf laufen Geschichten über Dinge ab, die du viel dringender erledigen müsstest.

Aber woher weißt du, dass deine Gedanken stimmen? Ist es wirklich so, dass eine vorgestellte Zukunft dir mehr Erfüllung bringen kann als die Gegenwart? Die Antwort dürfte klar sein. Weil es nur die Gegenwart gibt, ist sie der einzige Moment, in dem du Erfüllung finden kannst. Alles andere sind nur Gedanken und Emotionen, die auf eine scheinbare Zukunft hindeuten. Dennoch tauchen sie nur im Licht der Gegenwart auf und behaupten, von ihr abweichen zu können.

Vergangenheit und Zukunft können ohne die Gegenwart nicht existieren, aber die Gegenwart kann ohne Vergangenheit und Zukunft existieren. Deshalb ist sie die einzige Wirklichkeit.

Stress hat nichts mit dem zu tun, was gerade stattfindet. Eine Kluft zwischen der derzeitigen Situation und deinem gegensätzlich erscheinenden inneren Geschehen erzeugt deine Anspannung, von der du glaubst, dass sie gerechtfertigt ist. Dahinter stehen gedankliche Geschichten deines Ego samt passender Körperreaktionen, die dich aus der Gegenwart heraus in eine andere Zeit oder an einen anderen Ort ziehen wollen. Doch weil du niemals woanders sein könntest als hier und jetzt, fühlst du dich ohnmächtig, wie in einem Gefängnis.

Ich sage es ganz deutlich: Du kannst so viel strampeln, wie du willst, aber die Gegenwart verlassen kannst du nicht.

Solltest du dich in einer Situation befinden, die dir nicht gefällt, kannst du versuchen, sie zu ändern; du kannst sie verlassen und wenn das nicht funktioniert, darfst du die Situation so akzeptieren, wie sie gerade erscheint. Doch die Gegenwart bleibt.

Stress wird nicht durch die Situation an sich verursacht, sondern durch Gedankenmuster, die entweder behaupten, die Situation müsse anders sein, oder dass du wann anders und woanders noch ganz viel schaffen müsstest.

Der Gedanke »Ich muss es schaffen« ist einer der größten Stressfaktoren im menschlichen Dasein. »Ich darf nicht rasten, denn wenn ich mich ausruhe und um mich kümmere, schaffe ich es nicht ans Ziel.« Dieses Denkmuster geht in die gleiche Richtung, und in unserem Leben begleitet uns dann das Gefühl, es müsse ständig mit Volldampf weitergehen. Unsere kaum noch spürbaren Bedürfnisse nach gesunder Neuausrichtung bleiben nachrangig und häufig scheinen sie uns sogar im Weg zu stehen, das gesteckte Ziel zu erreichen.

Kennst du Momente, wo du die Schwäche deines Körpers und Geistes verfluchst, die sich insgeheim nach Ruhe sehnen? Wünschst du dir nicht manchmal, du wärest widerstandsfähiger, hättest mehr Kraft und kämest mit weniger Schlaf aus, damit du mehr Zeit für deine wichtigen Vorhaben hast? Falls das so ist, befindest du im Griff des Ego, das dir vorschreibt, wo es lang geht. Du bist Gefangener eines ungesunden Verstandes und glaubst, was deine Gedanken über dich und deine Ziele sagen.

Dieses Geschehen verursacht immensen Stress, und hier kann man die verdrehte Weltsicht des Ego sehen. Es glaubt, dass es in der Gegenwart gefangen ist, und dadurch bist du ein Gefangener des Ego. Doch das Gegenteil ist wahr: Du bist das eine Bewusstsein, das im Moment dem Irrtum unterliegt, ein kleiner, begrenzter Mensch zu sein.

Zu dem Gedankenmuster, es schaffen zu müssen, gehört ein weiteres der gleichen Machart: »Ich muss es schaffen, Liebe und Anerkennung zu bekommen. Schaffe ich das nicht, wird mir die Umwelt bestätigen, was ich tief in mir bereits weiß: Ich bin nicht gut genug.«

Die hier genannten Gedankenmuster verschmelzen irgendwann zu einem nebulösen »Ich muss es schaffen«-Gefühl, das dem Ego erheblichen Antrieb gibt. Nun laufen wir auf Ziele los, die wir unbedingt erreichen wollen, unser Lebensglück scheint davon abzuhängen. Da diese Ziele aber alle in der Zukunft liegen, ist es nicht vorhersehbar, ob sie jemals verwirklicht werden können. Trotz aller Planungen und

Absicherungen gesellt sich so zum Schaffenstrieb des Ego die Angst, zu scheitern. Dieses Hin- und Hergerissensein zwischen Hoffnung und Bangen erzeugt erheblichen Stress.

Das nebulöse Gefühl »Ich muss es schaffen« manipuliert viele Menschen. Auf verschiedene Weise wird einem eingeredet, dass etwas zu leisten Ziel und Zweck des Lebens ist. Der wesentliche Aspekt des Daseins wird dabei übersehen: Das Leben hat uns erschaffen, aber wir wollen ihm nun für die winzige Zeit, die wir hier sind, das Steuerruder aus der Hand reißen und es selbst schaffen. Dabei haben wir nicht einmal ein Quäntchen dazu beigetragen, dass wir überhaupt hier sein dürfen.

»Ich möchte etwas erschaffen« wird verwechselt mit: »Ich muss es schaffen.« Der natürliche Impuls, sich als lebendiges Wesen auszudrücken, wird verdrängt durch den ungesunden Gedanken, nicht gut genug zu sein. Und zum Ausgleich dafür wollen wir unbedingt etwas leisten.

In jedem von uns existiert die Sehnsucht, schöpferisch zu sein und sich auszuleben, denn das ist unsere Natur. Selbst wenn wir es uns oft kaum noch zutrauen, wollen wir erblühen, so wie ein Baum oder eine Blume es tun.

Wenn der Same eines Baumes in der Erde vergraben liegt und jemand einen dicken Stein darüber legt, ist das für den Keimling kein Problem. Er wächst darum herum und wird trotzdem ein großer Baum, weil es sein schöpferischer Weg ist. Der Baum denkt nicht »Ich muss es schaffen.«

Erkenne, dass dein Stress nicht durch die derzeitige Situation verursacht wird, sondern durch dein Innenleben, das behauptet, die Gegenwart solle anders sein. Der Widerstand gegen das Jetzt ist der größte Stressfaktor im Leben. Als ersten Schritt empfehle ich dir, den vorhandenen Widerstand in dir zu entdecken und zu akzeptieren, dass du ihn hast. Ist das geschehen, wird schon einiges leichter.

Wenn wir die aktuellen Lebenssituationen als Herausforderung betrachten, an der wir wachsen können, schwindet unser Widerstand gegen das, was sich in der Gegenwart zeigt.

Du kannst nur hier und jetzt sein. Wenn du das akzeptierst, verschwindet der Stress und dann sind wir wie der Baum, für den es nichts zu schaffen gibt.

Dann sind wir im Einklang mit dem gegenwärtigen Moment.

Erwachen, Körper und Geist

Wenn das Spiel des Lebens durchschaut wird, was manchmal »Erwachen« oder »Erleuchtung« genannt wird, kann es geschehen, dass der Körper spontan heilt.

Bei mir haben sich durch das Erkennen der unsterblichen Natur Phobien aufgelöst und auch einige Neurosen, von den ich vorher gar nichts wusste. Das Leben ist leichter geworden, der Geist ist überwiegend ruhig und der Körper gesünder als früher.

Heilung scheint während des sogenannten Erwachens aber nicht immer zu geschehen. Es gibt Geschichten über spirituelle Lehrer, die trotz ihres hohen Bewusstseinsgrades an schweren Erkrankungen litten oder erst nach dem sogenannten Erwachen erkrankten. Körperliche Gesundung scheint nicht zwangsläufig mit dem sogenannten Erwachen einherzugehen.

Der Geist gesundet in den meisten Fällen, denn geistige Gesundheit ist Voraussetzung für das Durchschauen der Illusion des Ichs. Und dadurch heilen auch viele mit dem Geist zusammenhängende psychische und neurologische Krankheiten.

Außergewöhnliche geistige oder körperliche persönliche Fähigkeiten, wie zum Beispiel spontan Gegenstände erscheinen zu lassen oder die Fähigkeit, an zwei Orten gleichzeitig zu sein, stellen sich übrigens nicht ein.

Auch wenn es in einigen Büchern so beschrieben wird, handelt es sich dabei nur um eine Geschichte des Ego und dessen Wunsch nach Besonderheit.

Beachte die Weisheit der Sprache: Besonders sein zu wollen, bedeutet abgesondert sein zu wollen. Das entspricht dem Wunsch des Ego nach Trennung, weil es Angst davor hat, sich in der allumfassenden Einheit zu verlieren. Aber weil dein wahres Selbst unzerstörbar ist, empfehle ich, jeden Wunsch nach Besonderheit loszulassen und stattdessen die Verbundenheit des Seins zu fühlen.

Kreativität und Verrücktheit

Kreativität ist ein schöpferischer Akt, der auf bereits Bestehendem beruht. Die kreative Leistung hat ihre Wurzeln in der Quelle des Seins, die gleichzeitig die Quelle aller Kreativität ist. Ist man mit diesem natürlichen Urgrund verbunden und der kreative Kanal geöffnet, können schöpferische Leistungen erbracht werden, die einem manchmal vor Staunen den Mund offen stehen lassen.

Kommen wir mit wahrer Kreativität in Kontakt, fühlen wir uns von ihr berührt und kommen in Kontakt mit unserem wahren Selbst. Durch Kreativität drückt sich das Sein aus und erinnert uns an unsere wahre Essenz. Durch das kreative Werk fühlen wir uns mit uns selbst verbunden.

Dieses Gefühl von Verbundenheit ist ein wesentliches Merkmal von wahrer Kreativität. Gleichzeitig erschafft sie ein Gefühl von Vertrautheit. Obwohl ein neues Werk vorliegt, haben wir oft das Gefühl, dass wir es schon kennen oder dass wir sogar selbst in der Lage wären, ein solches Werk zu erschaffen.

Kommen wir in Kontakt mit echter Kreativität, fühlen wir uns lebendig und präsent. Hier kann man davon ausgehen, dass die Künstlerin oder der Künstler im Moment des Erschaffens mit der Quelle des Seins verbunden war.

Geistige Verrücktheit hingegen erschafft kein Gefühl von Verbundenheit, sondern eher Irritation, Abwehr oder Abscheu. Kommen wir mit Verrücktheit in Kontakt, kommen wir in Kontakt mit einem sich getrennt fühlenden Ego.

Hier hat eine Zusammenziehung stattgefunden, die noch über die »normale« Verrücktheit der Menschen hinausgeht. Das illusionäre Ich nimmt dann in der eigenen Wahrnehmung den größten Platz ein, und fast die gesamte Bewusstseinsenergie ist auf ein inneres, irrsinniges Geschehen fokussiert.

Durch den vorhandenen, übermäßig starken Irrglauben der Trennung entstehen im Inneren Chaos und Angst. Das Gefühl, mit dem Leben verbunden zu sein, ist fast vollständig erloschen und verschiedene Abwehrmechanismen des Ego sind an dessen Stelle getreten.

Diese innere Orientierungslosigkeit drückt sich im Außen durch entsprechende Worte und Handlungen aus. Kommen wir mit einem Menschen in Kontakt, der fast vollkommen eingekapselt und vom Ego gesteuert lebt, fühlen wir uns meist nicht sehr wohl und der Umgang mit ihm fällt uns schwer. Manchmal haben wir auch Angst vor einer Unberechenbarkeit, weil diesem Menschen eine feste Verwurzelung zu fehlen scheint.

Verrücktheit, zum Beispiel bei sogenannten Kunstwerken, basiert nicht auf etwas Bestehendem und Vertrautem, sondern scheint davon abgehoben und getrennt zu sein. Dann fehlt uns der vertraute Anker in unserer Wahrnehmung und wir wissen nicht mehr, wie wir angemessen darauf reagieren können.

Verrücktheit ist überall anzutreffen: in der Kunst, in der Politik, in der Gesellschaft und im nächsten Umfeld. Oft geht sie mit gesteigertem Gerede einher und mit Gedankenformen, die in chaotischer Weise auftauchen.

Beginnt dein Verstand in einer scheinbar kreativen Situation sofort mit einer Analyse, liegt eine normale Ego-Verrücktheit vor. Fühlst du dich jedoch berührt und ein wohliger Schauer rieselt über deinen Rücken, handelt es sich wahrscheinlich um echte Kreativität.

Drogen und Selbsterkenntnis

Obwohl ich kein Drogenexperte bin, scheinen Drogen die Selbsterkenntnis eher zu behindern, als zu fördern. Für Selbsterkenntnis benötigst du einen gesunden Geist, der den Körper nicht zerstören will. Die innere Haltung »Es ist mir egal, was mit meinem Körper geschieht« ist zwar absolut betrachtet nicht bedeutungsvoll, aber auf dieser Ebene des Daseins benötigst du einen Körper zur Selbstverwirklichung. Ein gesunder Geist agiert aufbauend und verbindend. Das Ego hingegen spaltet, greift an, vor allem auch den Körper, indem es zurzeit wohnt.

Drogen vernebeln oft das klare Bewusstsein. Ist das wirklich hilfreich, um zur Selbsterkenntnis zu gelangen? Nun könntest du sagen, dass es Drogen gibt, die der Bewusstseinserweiterung dienen. Das mag sein, aber spielt es eine Rolle, als was sich das Bewusstsein in diesem Moment zeigt? Unter Drogeneinfluss ist die Wahrnehmung vielleicht anders und du siehst bunte Lichter, hörst Stimmen oder erlebst absurde Dinge in einer verzerrten Realität. Aber den Raum des einen Bewusstseins kannst du trotzdem nicht verlassen.

Wieso sollte eine Wahrnehmung unter Drogeneinfluss wahrer oder spiritueller sein als die unverschlei-
erte Wahrnehmung der jetzigen Gegenwart?

Der gegenwärtige Moment ist alles, was es gibt. Egal,
was du wahrnimmst, es ist immer dieser Moment.
Mit dieser Erkenntnis ist jeder Drogenkonsum
überflüssig.

7. Spiritualität

Im jetzigen Moment leben

Im jetzigen Moment zu leben, bedeutet, die Dinge nicht mehr so ernst zu nehmen, weil alles so erkannt wird, wie es ist. Wie könntest du nicht im jetzigen Moment leben? Es gibt nur diesen Moment.

Alle Gedanken, auch jene, die auf eine scheinbare Vergangenheit oder Zukunft hinweisen, finden nur in der Gegenwart statt. Die im Jetzt auftauchende Gegenwärtigkeit, das Gewahrsein, beinhaltet alles. Es ist in etwa so, als ob sich das ewige Jetzt ständig umkonfiguriert. Zeit spielt hierbei keine Rolle.

Das Gefühl eines Zeitablaufs wird häufig unterstützt durch Gedankenbilder, die voneinander unterschiedliche Geschehnisse präsentieren. So glaubt man, dass gestern A, B und C passiert sind und morgen D, E und F geschehen werden. Der hier auftauchende Körper, der scheinbare Charakter, scheint eindeutig zu fühlen und sicher zu wissen, was die Realität ist. Aber hier handelt es sich um eine Ablenkung des Bewusstseins durch eine faszinierende, aber unwahre

Geschichte, sodass das klare Erkennen der Gegenwart verhindert wird.

Absolut betrachtet, ist das egal, denn alle Erscheinungsformen, egal ob sie gedanklich als gut oder schlecht etikettiert werden, werden gleichzeitig gemacht (das Wort »gleichzeitig« ist nicht vollkommen korrekt, weil es keine Zeit gibt) und ein persönliches Ich ist nicht daran beteiligt.

Dennoch hat das Durchschauen des Spiels einen Vorteil, weil sich dann eine gewisse Gelassenheit im Leben zeigt. Es wird nichts mehr bekämpft und dem jetzigen Moment wird nicht mehr widersprochen. Man ist im Einklang mit dem jetzigen Geschehen oder besser ausgedrückt: Das Sein ist im Einklang mit sich selbst, unabhängig davon, was getan, gedacht oder gefühlt wird.

Sinn und Ziel des Lebens

Der Sinn des Lebens ist das Leben selbst.

Meist halten wir es für selbstverständlich, dass wir am bunten Treiben des Lebens teilhaben können. Aber du als Person hast nichts dazu beigetragen, hier zu sein. Es kann gesehen, gehört und gefühlt werden und es gibt noch weitere Sinne. Was hier geschieht, ist ein Wunder, das Mysterium des Seins. Wenn man ein Modell benutzen möchte, könnte man vermuten, dass sich das unmanifestierte Potenzial in billionenfacher Variante erfahren will und sich deshalb manifestiert hat. Jedoch ist das bei genauer Betrachtung auch nur eine Geschichte, die jetzt auftaucht. Sie setzt eine Vergangenheit voraus, in der ein Same für alles gesetzt wurde. Aber alles taucht nur spontan in der Gegenwart auf, genau so, wie es jetzt ist.

Das Leben hat kein Ziel, weil es kein individuelles Wesen ist, das ein Ziel verfolgen könnte. Genauso bist du als scheinbare Person kein individuelles Wesen, das ein Ziel verfolgen kann.

Oft wird aber von dem scheinbaren Vorhandensein eines kleinen, persönlichen Ichs auf das Vorhandensein eines großen, individuellen »göttlichen« Ichs geschlossen.

Diese Projektion findet innerhalb des laufenden Spiels sehr häufig statt, und ist einer der irreführendsten Trugschlüsse über die wahre Natur des Seins. Der

Sinn des Lebens ist das Leben selbst, das Sein, und es hat kein Ziel.

Weisheit

Weisheit ist es, die Dinge so sein zu lassen, wie sie sind. Es ist weise, dem Trubel im Außen regelmäßig den Rücken zu kehren und nach innen zu schauen.

Wenn du länger in Stille sitzt, ohne etwas Besonderes zu beabsichtigen, wirst du feststellen, dass deine Gedanken Eigenschaften haben, die den Eigenschaften deiner Umwelt entsprechen. Wenn du deine Umwelt als voll, laut, anstrengend und angriffslustig empfindest, wirst du bemerken, dass auch deine Gedanken zahlreich, laut, anstrengend und angriffslustig sind.

Die Welt, so wie du sie zurzeit wahrnimmst, ist ein Spiegel deines Innenlebens. Du bist wie ein Projektor, der einen sehr authentisch wirkenden 3D-Film im sogenannten Außen erschafft.

Hier ist es weise, keinen der auftauchenden Inhalte – dazu gehören auch alle Gedanken und Gefühle – zu bewerten oder zu beurteilen. Alle auftauchenden

Inhalte werden vom Sein gemacht. Weise ist es, das und alle abwehrende Gefühle und Gedankengänge als gleichberechtigt auftauchende Inhalte zu erkennen. Das ist das Spiel, das zeitlos läuft.

Wenn du dich der Stille zuwendest, die du nur in dir selbst finden kannst, und die Abwehrmaßnahmen deines Ego, wie Angst, Langeweile, Gereiztheit oder Müdigkeit überwindest, wirst du sehen, dass alles einfach nur so auftaucht – auch die Geschichte deines eigenen Ichs.

Zunächst fühlt sich das womöglich etwas ungewöhnlich an, aber schon bald bist du mit diesem neuen Daseinszustand vertraut.

Weisheit braucht nicht gesucht zu werden. Sie ist schon vorhanden, denn sie ist eine wesentliche Komponente unserer wahren Natur. Es braucht lediglich ein wenig Bereitschaft, die innewohnende Weisheit auftauchen zu lassen.

Auf der relativen Ebene des Daseins, die Zeit benötigt, erscheint dieser Vorgang wie ein Entwicklungsprozess. Doch du bist alles schon jetzt. Vielleicht ist sie nur etwas verschleiert, aber Weisheit ist immer da.

Wahres Glück

Häufig suchen wir nach unserem Glück und bemerken dabei nicht, dass dieser Wunsch des persönlichen Ichs nichts weiter ist, als ein festes, gedankliches Konstrukt, das wir schon lange in uns tragen. Es liegt wie ein undurchdringlicher Deckel über unserem natürlich vorhandenen Gefühl, mit allem verbunden zu sein.

Wünsche – egal welcher Art – ziehen uns aus der Gegenwart heraus in eine gedankliche Fantasiewelt, die sich meist in der Zukunft abspielt. Glück und Unglück sind nur Bewertungen des Verstandes.

Woher kannst du wissen, was sich für dich als wahres Glück oder Unglück herausstellen wird? Ist es bisher meist nicht anders gelaufen als du es dachtest?

Wir alle haben schon Enttäuschungen erlebt, wenn sich bestimmte Wünsche nicht erfüllt haben oder eine andere Wirkung erzeugt haben als erhofft.

Wenn klar wird, dass wahre Zufriedenheit nur im jetzigen Moment sein kann – wo auch sonst? – können die Wünsche gehen. Wozu willst du in der Zukunft »glücklich« sein?

Sei hier und jetzt da, mit allen Facetten wie Trauer, Freude, Gereiztheit oder Liebe. Akzeptiere und fühle den jetzigen Moment und höre auf, zu kämpfen. Ich spreche von innerem Frieden. Das ist das größte Glück, das du je haben kannst, und es kennt kein Gegenteil.

Wahrheit

Häufig ist zu hören, dass Wahrheit von der Perspektive des jeweiligen Betrachters abhängt, es also mehrere Wahrheiten gibt. Diese Betrachtungsweise spiegelt besonders deutlich das Vorhandensein der Dualität wider.

Für eine scheinbare Person, die sich getrennt fühlt, ist Einheit unvorstellbar. Es tauchen geistige Konzepte auf, die verschiedene Inhalte haben, und alle scheinen wahr zu sein. Wenn jemand sagt, er lasse auch die Wahrheit anderer Menschen gelten, so wird dieser Mensch als tolerant bezeichnet. Dennoch wird hier übersehen, dass das Wesen der Wahrheit nur sein kann, wahr zu sein.

Das Thema »Wahrheit« kann nur von der absoluten Ebene her betrachtet werden. Wenn eine zweite Wahrheit wahr wäre, wäre es die erste nicht mehr.

Natürlich kann man im alltäglichen Leben sagen: »Dies hier stimmt und das dort stimmt auch.« Handelt es sich zum Beispiel um ein Streitgespräch, werden zum selben Thema verschiedene Ansichten vertreten. Je nach persönlicher Perspektive sieht die Wahrheit anders aus. Aber es handelt sich hier nicht um zwei absolute Wahrheiten, sondern um unterschiedliche Bilder, die innerhalb der einzigen Wahrheit des Seins auftauchen. Es sind nur Facetten der einen Wahrheit. Aber innerhalb von ihr scheint es eine Aufspaltung, die Dualität, zu geben. Das ist das faszinierende Spiel.

Doch alles ist nur eine einzige, nicht voneinander trennbare Erscheinung, in der man an die Verschiedenheit der Dinge glaubt und deshalb einen persönlichen Standpunkt bezieht.

Gelegentlich geschieht ein Durchschauen dieser Erscheinung, und dann wird erkannt, dass alles gleichberechtigt, einheitlich und zeitgleich im Sein gemacht wird. Die Erkenntnis ist ganz einfach: Egal wie es erscheint, es ist immer DAS.

Wer ich bin

Setze dich hin und stelle dir folgende Frage im Inneren: »Was bin ich?« So nimmst du den persönlichen Aspekt aus der Frage heraus und fragst neutral. Das Wort »Wer« bezieht sich auf eine vorgestellte Person und ist deshalb nicht so geeignet wie das neutrale »Was«.

Warte auf eine Antwort. Vielleicht taucht als Antwort ein weiterer Gedanke auf, oder das innere Gerede verstummt. Das Ich, das diese Frage anscheinend aktiv stellt, ist selbst nur ein auftauchender Gedanke im Bewusstsein.
Wenn es still in dir wird, ist das bereits die Antwort. Das, was bleibt, wenn nicht gedacht, erwartet und beurteilt wird, ist nicht benennbar, denn es ist deine wahre Natur.
Es ist hilfreich zu erkennen, dass es eine Stille gibt, in der sämtliche Inhalte auftauchen können.

So haben wir es zunächst mit einer vorübergehenden Aufspaltung zwischen Bewusstsein und Inhalt des Bewusstseins zu tun.
Das Ziel ist es, sich zuerst aus dem hypnotisierenden Sumpf der Gedanken und Gefühlswelt zu lösen,

um die Ich-Identifikation zu durchbrechen. Danach fließen im Gewahrsein das Gewahrsein selbst und seine Inhalte wieder zusammen. Nun wird die Ich-Illusion im Ganzen durchschaut und den auftauchenden Inhalten kein Glauben mehr geschenkt.

Das eine Gewahrsein ruht als alles in sich selbst, und deshalb könnte man sagen, dass du alles bist. Aber weil weder ein persönliches Du noch ein persönliches Ich existieren, wäre die noch genauere Aussage: »Das ist es« oder »Sein geschieht in diesem Moment«.

Vorherbestimmung und Zufall

Zufälle gibt es nicht, weil alles miteinander verbunden ist.

»Zufall« würde bedeuten, dass etwas unabhängig in einem bereits vollständigen System auftauchen kann. Aber nichts ist voneinander unabhängig, denn alles taucht gleichzeitig als Eins im Sein auf, in dem einen Bewusstseinsfeld.

Vielleicht hilft hier das gedankliche Modell von einem vollständig verbundenen, mehrdimensionalen Raum, der keine Grenzen hat. Jenseits der unendlichen Verbundenheit existiert nichts, weil nichts jenseits der Unendlichkeit existieren kann. Alles wird vom zeitlosen Sein gemacht oder anders ausgedrückt, alles läuft automatisch ab.

Das Erscheinen dieser Zeilen wird gemacht, das Lesen dieser Zeilen wird gemacht und eine eventuelle gedankliche Zustimmung oder Ablehnung dieser Worte, vielleicht mit einer dazu passenden Emotion, wird ebenfalls vom Sein gemacht. Zufall hat im zeitlosen, verbundenen Jetzt keinen Platz.

Der Begriff »Vorherbestimmung« kommt der Beschreibung des gegenwärtigen Geschehens schon etwas näher, wobei man auch hier bei der Wortwahl aufpassen muss. Bei »Vorherbestimmung« denken wir meist an ein persönliches Überwesen, das alles plant und schon jetzt weiß, was morgen passieren wird. Hier sind wir wieder bei den Themen »Zeit« und einem lenkenden Gott, die beide aber nur auftauchende Konzepte im Gewahrsein sind.

Dennoch geschieht so etwas wie Vorherbestimmung, weil wir die Verbundenheit des Raums und seine miteinander verbundenen Abläufe nicht verlassen können. In diesem Raum gibt es keine Lücken, weil alles eins ist.

Stell dir als Gedankenspiel vor, jemand nimmt einen Stein und wirft ihn in einen spiegelglatten See. Das Wasser wird Wellen schlagen und sie laufen in mehrere Richtungen. Dass Wellen laufen ist vorhersehbar, aber wir wissen nicht, wie viele es sind, welche Ausdehnung sie haben und wohin sie laufen. Sie bewegen sich in Abhängigkeit vom gesamten Wasser. So in etwa funktioniert das Leben. Alles geschieht so, wie es soll.

Kurz zusammengefasst: Es gibt so etwas wie Vorherbestimmung, aber keinen »Vorherbestimmer«. Der Ausdruck »automatisch ablaufende Fügung« ist hier wohl besser geeignet.

Freie Wahl

Da niemand da ist, der irgendetwas tun könnte, ist es persönlich auch nicht möglich, das illusionäre Ich aufzulösen.

Für den Verstand haben wir es mit einem Paradoxon zu tun: Entweder möchte ein Ego sich selbst auflösen, was selbstverständlich nicht funktioniert, oder der illusionäre Charakter der Figur wird vom Sein durchschaut. Dann stellt sich die Frage, wie sich eine Illusion auflösen soll, die von vornherein nicht existiert hat.

Die Lösung liegt ganz einfach in dem Vertrauen auf das eine Leben. Das Sein hat dich schon voll am Wickel. Du kannst beruhigt sein, denn es lässt dich nicht mehr los. Das kann es auch gar nicht, denn es ist das, was du in deiner Essenz bist.

Es geht hier um Gelassenheit. Somit ist es vollkommen in Ordnung, mit Freunden zu sitzen, einen Rotwein zu einem guten Essen zu trinken und all die schönen und gewöhnlichen Dinge des Lebens zu tun.

Sogar Spiritualität ist nur eine Betrachtungsweise, die vorübergeht. Allein schon die Bezeichnung weist auf die Dualität hin, denn ein Gegensatz zur Spiritualität wäre die Nicht-Spiritualität. Aber alles ist gleichwertig und alles ist so, wie es ist. Man braucht es nicht zu bezeichnen.

Der Wunsch des Etikettierens entspringt dem Verstand, weil er sich dadurch sicherer fühlt.

Du kannst tun, was du willst. Besser gesagt: Du kannst so tun »als ob«, und das so, wie du willst. Die Geschwindigkeit eines sogenannten Erwachens – und ob das überhaupt geschieht – ist nicht zu beeinflussen. Dennoch gibt es eine Empfehlung, die ich gern gebe. Setze dich regelmäßig in Stille hin. Meditiere nicht, sitze einfach in einer bequemen Haltung. Ein Schneidersitz ist nicht nötig und Musik ist nicht nötig. Bleib einfach sitzen und erfahre, was geschieht, wenn die Bereitschaft da ist, sich der Stille und dem Tumult der Gedanken auszusetzen. Tue nichts mit ihnen. Durch regelmäßiges Sitzen erscheinen innere Klarheit und Tiefe.

Das Gewöhnliche ist das Außergewöhnliche. Es ist das, was die ganze Zeit gesucht und meist übersehen wird. Goldener Glanz und Sphärenklänge sind

Irrtümer und leere Versprechungen eines spirituellen Ego. Wenn sich die Ich-Identifikation auflöst und das Eine sich selbst realisiert, ist alles sehr profan und von Leichtigkeit durchdrungen. Aber auch das kann nicht versprochen werden, denn alles geschieht so, wie es soll, und ganz von selbst.

Setze dich für einen Moment hin und forsche nach, welche Entscheidungen du heute getroffen hast. Wie viele davon waren unabhängig von anderen Geschehnissen?

Dir wird auffallen, dass nicht eine deiner Entscheidungen unabhängig war, denn dein Entschluss, etwas Bestimmtes zu tun, beruht ausnahmslos auf anderen in dir auftauchenden gedanklichen Vorstellungen.

Du befindest dich in einem verbundenen Geflecht aus Ereignissen und alles, was du bisher vielleicht für deine eigenen, unabhängigen Entscheidungen oder Wahlmöglichkeiten gehalten hast, sind bloß scheinbare Reaktionen auf einen bereits vorhandenen Impuls des Lebens.

Dieses Netz aus Impulsen ist ein wesentlicher Bestandteil der zeitlosen Gegenwart und du bist als ein Teil davon vollständig darin eingewoben. Und es gibt noch nicht einmal Reaktionen oder Impulse, die aufeinanderfolgen, denn ohne Zeit gibt es weder Ursache noch Wirkung.

Obwohl es keine Wahl gibt, weil es keinen freien Willen gibt, hast du das Gefühl, zu tun, was du willst. Das ist in Ordnung, aber du kannst nicht aus dem Willen des einen Lebens herausfallen. Alles ist im gegenwärtigen Geschehen enthalten, auch widersprüchliche Gedanken, die das Gegenteil behaupten.

Wenn du dies zum ersten Mal liest und vielleicht die dahinter liegende Wahrheit spürst, fragst du womöglich: »Bin ich nur eine Marionette des Seins?«

Vielleicht fühlst du dich für eine kurze Zeit etwas hilflos. Doch alles findet in Wahrheit ohne ein Ich statt, das machtlos sein, etwas verhindern oder steuern könnte. Du wirst vom Leben gelebt, oder anders ausgedrückt, das Leben lebt sich selbst.

Erfasst du die wahre Bedeutung dieser Worte und akzeptierst sie vollständig, fühlst du dich nicht mehr bedroht und eingeengt, sondern du erlebst ein Gefühl von Freiheit und tiefer Gelassenheit.

Entspanne dich, denn da ist niemand, der etwas tun kann. Aber weil auf dieser Spielebene so getan wird, »als ob« eine Person etwas tut, geschieht es.

Über die Zeit

Das Phänomen Zeit taucht immer in Verbindung mit einem persönlichen Empfinden auf.

Unsere scheinbare Person besteht aus einem Geflecht von Gedanken, die sich auf eine vorgestellte Vergangenheit, Gegenwart und Zukunft beziehen. Dazu gesellen sich innere Bilder und gemeinsam mit den Gedanken spannen sie einen illusionären Zeitstrahl auf, der sich anscheinend von einer Vergangenheit in die Zukunft bewegt. Doch bei genauer Betrachtung tauchen alle Gedanken nur in der zeitlosen Gegenwart auf.

Und nun kommt ein Punkt, den man nicht ohne Weiteres begreifen kann. Wenn wir darüber nachdenken, was wir heute alles schon erledigt haben, kommen uns verschiedene Situationen in den Kopf. Wir sind felsenfest davon überzeugt, dass wir morgens aufgestanden sind, gefrühstückt und dann mit einer bestimmten Aktion begonnen haben. Doch nichts davon ist je geschehen. Das hört sich jetzt wahrscheinlich merkwürdig an, dennoch ist es wahr. Es handelt sich hier um das klare Erkennen des Seins, das gedanklich nicht erfasst werden kann.

Vielleicht hilft es hier, sich vorzustellen, dass die zeitlose Gegenwart sich im jetzigen Moment ständig umkonfiguriert. Aber selbst das hat schon den Geschmack von Zeit, die vonnöten wäre, selbst wenn es sich nur um eine Millisekunde handeln würde.

Es ist eine erleuchtete Einsicht, dass nichts geschehen ist, nichts geschieht und nichts geschehen wird, auch wenn es anders aussieht. Das Sein tut nichts, es ist einfach. Je mehr man versucht, darüber nachzudenken, desto erfolgloser wird es sein.
Die auftauchenden Gedanken, mit denen wir uns identifizieren, bilden den sogenannten Verstand. Er ist hier der Störenfried, der die Erkenntnis der Zeitlosigkeit verschleiert. Oft erwähne ich, dass es weder Ursache noch Wirkung gibt. Der Grund dafür ist das permanente Erkennen des zeitlosen Jetzt.

Auf dieser Ebene des Daseins, wo Zeit eine praktische Rolle für Organisation spielt, ist das Wissen um die Zeitlosigkeit vielleicht nicht besonders nützlich.

Es kann aber dazu beitragen, sich von dem Gedanken zu lösen, dass irgendein Geschehen für mein Unwohl verantwortlich ist. Wenn das akzeptiert ist, entfallen die Vorwürfe, und Themen wie Schuld oder Unschuld spielen keine Rolle mehr.

Keiner hat jemals etwas getan, weil erstens keine Zeit dafür existiert und zweitens niemand Persönliches existiert, der etwas tun könnte.

Alles ist wie eine zeitlose Seifenblase ohne Substanz. Das gilt sogar für die gegenwärtigen Inhalte, weil auch sie wieder vergehen. Nur die Gegenwart selbst – der Raum, der keinen Namen hat – ist die letztendliche, zeitlose Wirklichkeit.

Gott

Dass alles hier so erscheint, wie es erscheint, ist ein allein schon ein Wunder und wenn man es so nennen möchte, etwas Heiliges.

Wenn man die Einheit des Seins erkennt, wird klar, dass individuelle Existenz eine Illusion ist. Es gibt keine Einzelwesen und somit gibt es auch kein anderes und größeres Einzelwesen, das üblicherweise »Gott« genannt wird.

Diese Einsicht hat mit Glauben oder Unglauben nichts zu tun, sondern mit erkennender Gewissheit. Man könnte es auch »direktes Sehen« nennen.

Alles taucht in dem einen Bewusstseinsfeld auf. Die Anwesenheit alles Existierenden ist ein Wunder und funktioniert auf geniale Weise. Insofern gibt es zwar keinen getrennten Kapitän, der alles hier befehligt, aber man könnte das gesamte Geschehen mit »Gott« bezeichnen. Allerdings wird dieser Begriff von vielen Menschen abgelehnt, weil er häufig von verschiedenen Religionen missbraucht wurde.

Durch eine irreführende Auslegung unserer Seinsnatur glauben wir üblicherweise, von einer außenstehenden und höheren Macht abhängig zu sein. Doch du bist ein integraler Bestandteil einer allumfassenden Intelligenz.

Hierzu gibt es eine schöne Geschichte.
Der König sagte zum Weisen: »Ich gebe dir die Hälfte von meinem Königreich, wenn du mir zeigst, wo Gott ist.« Der Weise antwortete dem König: »Und ich gebe dir zwei von deinen Königreichen, wenn du mir zeigst, wo Gott nicht ist.«

Gott, oder wenn du es lieber das Leben oder das Sein nennen möchtest, ist alles und drückt sich als alles aus. Es ist jeder Mensch, jedes Staubkorn, jeder Windhauch und jeder Gedanke. Gott ist das gegenwärtige Leben. Deshalb existiert Sie-Er-Es nicht getrennt von dir, woanders, »da oben«. Gott, das Leben, das Sein, ist das, was ist. Es ist du.

Wenn du das spüren kannst, fühlst du deine wahre Natur als Ganzheit und Heiligkeit (»ganz« und »heil« bedeuten dasselbe).

Erkenne, dass selbst Gott nur ein Konzept ist, das mit dem Erscheinen des Bewusstseins zusammenhängt. Ist das Bewusstsein nicht aktiv, gibt es auch kein Konzept von Gott, denn dann wäre nichts vorhanden, was über Gott sprechen oder über ihn nachdenken könnte.

Vom Risiko, nicht mehr an Gott zu glauben

Vielleicht hast du trotz deiner richtigen Ahnung, dass es keine Trennung gibt, noch Angst vor Bestrafung durch einen Gott. Dabei spielt es keine Rolle, ob wir gläubig sind oder nicht. Durch die permanente Dauerberieselung mit religiösen und anderen Glaubensmustern entwickelt sich schon früh in unserer Kindheit ein bestimmtes Bild über die Zusammenhänge in der Welt. Dazu gehört auch ein bestimmtes Gottesbild.

Allzu oft haben wir die spaltenden Begriffe »Himmel« und »Hölle« gehört. Die erfreuliche Nachricht lautet: Du wirst nach dem Zerfall des Körpers, üblicherweise »Tod« genannt, nicht vor einer von dir unabhängigen Instanz stehen, die dich aburteilt.

Seit Jahrhunderten glauben Abermillionen Menschen eine Lüge der religiösen Institutionen, obwohl sie enorme Angst verbreitet. Genauer gesagt, weil sie Angst verbreitet, denn Angst macht eng und hält klein. (Die Wörter Angst und Enge haben übrigens den gleichen Ursprung.)

Die größte Angst des Ego, das in einem ständigen Gefühl der Trennung lebt, ist seine Todesangst und die Befürchtung, nach seinem Ableben vor einem menschenähnlichen, urteilenden Gott zu stehen, den es selbst durch Projektion nach außen erschaffen hat. Da das Ego alles, was es als nicht zu sich gehörend empfindet ablehnt, lehnt es auch die Einheit (oder »das Göttliche«) ab. Durch diese Ausgrenzung erzeugt es einen übermächtigen und unbezwingbaren Gegner. Eine Versöhnung mit dem Göttlichen erscheint dem illusionären Ich unmöglich und daher bleibt nur Angriff oder Abgrenzung übrig.

Das Ego hat keine Vorstellung von der verbindenden, wahren Liebe und kennt nur Beurteilung und Verurteilung. Deshalb geht es davon aus, dass es irgendwann für sein rebellisches Verhalten gegen Gott von diesem mit genau diesen egoistischen Mitteln bestraft werden wird.

Dieser Irrglaube verstärkt die Angst des mit einem Ich identifizierten Menschen um ein Vielfaches und erzeugt den inneren Kampf, den du in deiner Frage beschrieben hast. Wir sehnen uns nach bedingungsloser Liebe, haben gleichzeitig aber Angst davor, von ihr bestraft zu werden. Doch zu glauben, Liebe, das Sein oder Gott könnten strafen, zeigt die verrückte Widersprüchlichkeit des Ego.

Der durch diesen Glauben verursachte Irrtum über das wahre Wesen Gottes beschert uns seit vielen Jahrhunderten Kriege und das Gefühl von Machtlosigkeit.

Doch du kannst dich hier und jetzt davon befreien, denn der Einzige, der dich verurteilt, bist du. Das schlechte Gewissen, von dem du sprichst, wird von einem illusionären Ich erzeugt, das nicht sterben und sich der wahren Natur hingeben will.

Sobald du das erkennst und akzeptierst, gelangst du aus dem Gefängnis deines alten Glaubens in die Freiheit des Seins.

Religiöses Trauma

Obwohl ich mir keiner besonderen Schuld bewusst war, abgesehen von den üblichen Streichen, die man als Junge spielt, erlitt ich in meiner Kindheit und Jugend ein religiöses Trauma. Ohne es zu wissen, befand ich mich schon früh in der Gesellschaft vieler Menschen, deren Geist ebenfalls durch Angst einflößende, religiöse Bilder geschädigt war.

Wenn man in einer christlichen Kultur aufwächst, wie sie im Westen verbreitet ist, nimmt man bestimmte Vorstellungen in sich auf, egal, ob man ein gläubiger Mensch ist oder Atheist. Es soll Menschen geben, die an einen Satan glauben, aber nicht an einen Gott. Auch hier sieht man die dualistische Prägung eines christlichen Umfeldes, wobei sich diese Menschen aber zum sogenannten Bösen hingezogen fühlen (was es nicht gibt) und die Existenz eines Gottes ausschließen. Wenn man aber denkt: »Gott gibt es nicht«, so befindet sich Gott bereits als Thema im Bewusstseinsfeld.

Versuche jetzt, nicht an einen rosafarbenen Elefanten zu denken. Und schon entstehen innere Bilder eines rosafarbenen Elefanten. Offensichtlich wird man in irgendeiner Form durch das kulturelle und gesellschaftliche Umfeld geprägt und trägt bestimmte geistige Vorstellungen in sich.

Erst viele Jahre später löste sich während meiner spirituellen Entwicklung dieses religiöse Trauma auf, welches mich bis dahin sehr gequält hatte. Glücklicherweise traf ich auf einen Mann, der das Phänomen des religiösen Traumas kannte und erklären konnte, und ich fühlte sofort, dass ich davon betroffen war. Diese Erkenntnis war die größte Hilfe zur Auflösung des Traumas.

Wenn das spirituelle Erwachen erfolgt, wird an vielen alten Weltbildern gerüttelt, auch an dem üblichen Weltbild von Gott. Nun wird erkannt, dass »Gott« kein von uns getrenntes Wesen ist, sondern unsere eigene, wahre Essenz bedeutet.

Wenn wir nicht göttlich wären, könnten wir nicht leben. Es gibt keine Trennung, und davon gibt es keine Ausnahme. Man kann nicht sagen: »Alles ist eins« und davon eine Ausnahme machen, die lautet: »Und dann ist da noch Gott.« Du bist es selbst. Das ist weder Blasphemie noch Irrglaube, sondern die einfache Erkenntnis dessen, was ist.

Religiöser Glauben ist zunächst vielleicht hilfreich, um auf dem spirituellen Weg zu bleiben. Doch letzten Endes bildet er viele Hindernisse vor der Erkenntnis. Wenn du aus dem Traum des Ichs erwachst, kannst du direkt sehen, dass alles untrennbar und unsterblich miteinander verbunden ist. Und auch hier gilt es, vorsichtig mit Worten umzugehen, denn mit »alles« meine ich das Eine, das keine Unterscheidung kennt.

Ich erwähnte es schon irgendwo: Alles ist eins, es sieht bloß unterschiedlich aus.

Der Zweck der Religionen

Viele Religionen wollten ursprünglich wahrscheinlich zu moralischem und mitfühlendem Verhalten anleiten. Doch jetzt scheint es so, als ob die Essenz der Religionen verzerrt worden sei. Nun wird sie hauptsächlich dazu benutzt, eigennützige Zwecke durchzusetzen. Manche religiöse Institutionen wissen schon lange die Eigenschaft des menschlichen Ego, alles zu beurteilen, für ihre Zwecke zu nutzen. Seit Jahrhunderten wird gelehrt »Dies ist das Gute und das ist das Schlechte.« Diese Botschaft kommt uns vertraut vor, weil unser Ego ebenfalls einteilt und verurteilt. Da du dich aber nicht mit Gott, Allah oder Brahma gleichstellen willst, genießen nur sie und ihre Stellvertreter auf Erden das endgültige Privileg, die Welt in gut und schlecht zu unterteilen.

Wer aufmerksam ist, erkennt sofort, dass hier die duale Illusion am Werk ist. Spaltung wird von einem illusionären Ich gelehrt, genauso wie sie von äußeren Institutionen gelehrt wird. Beides sind gleichberechtigte Erscheinungen im Spiel des Lebens. Das kleine Ich fühlt sich angreifbar und deshalb wendet es sich an ein scheinbar stärkeres und größeres, kollektives Ich, um Schutz und Trost zu finden.

Viele Religionen rufen einem zu: »Schau mich an.« Doch kaum eine Religion sagt noch: »Schau in dich hinein.« Täten sie das, würde die religiöse Macht sofort verschwinden, was natürlich nicht im Sinne eines egozentrischen Religionsstifters ist.

Religionen sind für einen spirituellen Weg ab irgendeinem Zeitpunkt nicht nur überflüssig, sondern auch hinderlich, wenn wir noch religiöse Glaubensmuster in uns tragen, die den inneren Frieden stören. Wenn man die Worte »Gott«, »Satan«, »Himmel« und »Hölle« hört, wird es einem nicht gerade warm ums Herz, falls man befürchtet, am Ende des Lebens für ewig auf die dunkle Seite der Macht geraten.

Viele Menschen sind religiös traumatisiert. Doch wenn sie sich auf den Weg machen nach innen, zu ihrer wahren Essenz, werden sie erkennen, dass alle religiösen Horrorszenarien nur Schall und Rauch sind.

Es ist nichts geschehen und du bist absolut unschuldig, weil es dich als vom Leben getrennte Person nicht gibt.

Der Weg der Religionen

Alle Religionen *führen nicht* zu Gott, sondern alle Religionen *sind* Gott.

Es ist gleichbedeutend, ob sie auf die Wahrheit der einheitlichen Verbundenheit hindeuten oder ob sie das trennende Denken fördern. Alles ist gleichberechtigter Bestandteil des Seins; allerdings ist es auf dieser Ebene des Daseins nützlicher, Hinweise zu erhalten, welche die Aufmerksamkeit auf deine wahre und unteilbare Natur richten.

Dies vorausgesetzt, kann man das Sein, das eine Leben auch mit dem Wort »Gott« bezeichnen. In ihm (dem Leben oder Gott) erscheint alles als vieles.

Du kannst nach links laufen oder nach rechts, eine vertraute Religion auswählen oder eine fremdartige, es spielt keine Rolle. Wenn du erkennst, dass du das eine Leben bist, erkennst du auch deine göttliche Natur. Auch hier wieder vorausgesetzt, du magst das Wort »göttlich«. Sonst kannst du es durch etwas anderes ersetzen, das dir besser gefällt.

Schon jetzt bist du göttlich. Herzlichen Glückwunsch!

Die Kraft des Gebets

Wenn sich das Bewusstsein mit einer menschlichen Existenz identifiziert, fühlt es sich getrennt und die Einheit ist nicht mehr erfahrbar. Sollten wir göttlichen Beistand benötigen, wird deshalb der Irrglaube, ein einzelnes, abgetrenntes Wesen zu sein, in Form eines überdimensionalen, individuellen Gottes nach außen projiziert.

Das kleine menschliche Ego erschafft ein ihm ähnliches Wesen, aber mit Attributen ausgestattet wie: allmächtig, allwissend und barmherzig. Und anschließend fragen wir dieses Überwesen ratlos, warum es Leid, Krankheit, Armut und Kriege erschaffen hat.

Doch sobald sich die Identifikation des Bewusstseins mit dem persönlichen Ich auflöst, erscheint die Erkenntnis, dass es keine Getrenntheit, sondern nur einheitliche Verbundenheit gibt. Damit verschwindet der Glaube an einen von uns getrennten Gott, der uns führt oder über uns urteilt.

Solange das Ego uns noch steuert, wird es unmöglich sein, ein umfassendes Seinsgefühl zu entwickeln. Zwar können wir uns jederzeit vorstellen, dass das Göttliche einheitlich und alles durchdringend ist;

befinden wir uns jedoch in einer Notlage, fühlen wir uns normalerweise sofort wieder getrennt.

Und schon wenden wir uns wieder mit einem Gebet an »Gott« als ein von uns getrenntes Wesen, damit Er, Sie oder Es uns aus unserer belastenden Situation heraushilft.

In uns besteht ein Konflikt zwischen dem Ichbewusstsein, das Trennung fühlt und dem vom Verstand befreiten Bewusstsein, das die Verbundenheit aller Dinge wahrnimmt. Daher muss bei Vorhandensein eines illusionären Ichs der Glaube an einen individuellen, menschenähnlichen Gott fast zwangsläufig wieder die Oberhand gewinnen.

Trotzdem kann ein Gebet helfen, denn ohne dass es bisher vielleicht klar war, sprechen wir dann zu unserer eigenen Essenz, anstatt – wie wir bisher vielleicht glaubten – zu einer von uns getrennten Instanz. Wäre das Göttliche wirklich getrennt von uns, wie könnte dann ein Gebet den Empfänger erreichen?

In einem Gebet sprechen wir mit uns selbst oder besser ausgedrückt: Das Sein spricht mit sich selbst. Und deshalb kann es auch hören, was gesagt wird und in seiner Weise antworten. Erfährst du göttliche Hilfe, erfährst du Selbsthilfe. Das Ego kann das aber nicht erkennen und darum glaubt es, Gott sei ein unabhängiges, übermächtiges Wesen. Entfällt das Ich, erkennt das Sein sich selbst als alles.

Hierzu fällt mir ein schöner Ausspruch ein: »Sei still, wisse, ich bin Gott.«

Das Wunder

Wenn du dich jetzt umschaust, dort wo du dich gerade befindest, wirst du wahrscheinlich viele Dinge sehen, die dir vertraut oder gewöhnlich vorkommen. Und weil uns Gewöhnliches oft langweilt, begeben wir uns vielleicht auf die Suche nach dem Außergewöhnlichen. Vielleicht streben wir nach mehr Reichtum, einer lebhafteren Beziehung, nach mehr Macht oder nach außergewöhnlichen Erfahrungen. Ursache für dieses Streben ist das Ego, das ständig mehr benötigt, um seine illusionäre Existenz zu sichern. Häufig glauben wir, dass in unserem Leben noch etwas fehlt und so versuchen wir, unser gefühltes seelisches Loch mit Dingen aus dem Außen zu füllen.

Natürlich funktioniert das nicht, aber anstatt innezuhalten und unsere wahre Natur zu erkennen, lassen wir uns weiter von einem unbewussten Mechanismus antreiben. »Das hier ist mir alles zu langweilig. Das kann nicht alles gewesen sein.« So denkt das illusionäre Ich.

Aber hast du dich schon einmal gefragt, wieso alles, was du hier sehen und hören kannst, auftaucht? Wieso existiert es? Ist es nicht ein Wunder, dass du an diesem vielfältigen Geschehen teilhaben darfst? Es ist nicht selbstverständlich, dass es so ist, denn es könnte genauso gut sein, dass es kein Bewusstsein gibt und nichts, das etwas wahrnehmen könnte. Dennoch ist es so. Fühlen, Sehen, Hören usw. finden laufend statt, und dieses Geschehen wird nur selten hinterfragt.

Das Sein ist ein Wunder. Es ist nicht gewöhnlich, sondern es ist das Außergewöhnliche, das du vielleicht schon lange suchst. Wieso alles existiert und warum innerhalb der Existenz Erfahrungen gemacht werden, weiß ich nicht. Es ist das einzige Wunder, dass es gibt. Insofern brauche ich nicht an Wunder zu glauben, sondern es wird dankbar erkannt, dass alles schon ein Wunder ist.

Die Existenz aus dem Formlosen

Bei diesem Thema hilft uns vielleicht die Vorstellung vollkommener Konzeptlosigkeit. Denn bei der Annahme, dass das Formlose irgendwann Form angenommen hat, um sich jetzt so zu präsentieren und zu erfahren, wie es ist, handelt es sich nur um ein gedankliches Konzept.

Es gibt spirituelle Lehrer, die das Sein in Form und das Formlose oder in Bewusstsein und das Absolute unterscheiden. Diese Konzepte sind zunächst hilfreich, um zu begreifen, dass alles in diesem Einen auftaucht. Die Vorstellung, dass alles zusammen irgendwann einmal erschaffen wurde, kann ein Gefühl des Einsseins bewirken, was auf dieser Ebene des Daseins hilfreich ist. Denn so verringert sich das trennende Denken, im Inneren wird es friedlicher und auch das sogenannte Außen zeigt sich von einer angenehmeren Seite.

Doch die Unterscheidung von dem Formlosen und den darin erscheinenden Formen birgt einen Fehler. Allein, weil schon unterschieden wird, kann keines von beiden das Eine sein. Das Sein ist es. Jenseits des Seins ist nichts.

Hier gilt es aufzupassen, um einem weiteren Missverständnis vorzubeugen. Es gibt kein »Nichts« oder »Absolutes«, aus dem das Sein erscheint. Das Sein (zur Verdeutlichung könnte man es auch »Seinen« nennen, das Geschehen an sich, obwohl es dieses Wort als Verb natürlich nicht gibt) ist alles. Es wurde nicht aus einem absoluten Potenzial erschaffen, um dann irgendwann wieder zu verschwinden.

In der Wissenschaft werden gern zyklische Modelle über Universen oder auch »Multiversen« angenommen. Jedoch handelt es sich bei diesen Modellen ausnahmslos um Annahmen, die alle nur im gegenwärtigen Moment getroffen werden und Zeit benötigen.

Ohne das Vorhandensein des Seins gäbe es keinerlei Annahmen oder Konzepte. Aber es existiert kein Nicht-Sein, und die offensichtliche Folge davon ist, dass ständig Inhalte in jeder Form auftauchen, auch in Form von gedanklichen Konzepten.

Zusammengefasst kann man sagen, dass das Formlose niemals in der Vergangenheit Form angenommen hat, damit jetzt alles existiert. Denn das setzt das Vorhandensein von Zeit voraus, die es nicht gibt.

Diese Zusammenhänge kann man nicht ohne Weiteres verstehen, weil sie anders erscheinen. Sie erscheinen als gegensätzliche Formen, Gedanken, Gefühle, menschliche Körper und andere, scheinbar voneinander getrennte Materie. Aber im direkten Erkennen wird klar: DAS hier ist es. Jenseits davon ist nichts.

Warum alles im zeitlosen Jetzt so ist, wie es ist, ist unbekannt. Und es ist auch bedeutungslos, denn wenn ein scheinbar unruhiges Ich mit einer Frage nach dem »Warum« als vorübergehende Illusion durchschaut wird oder gar nicht erst auftaucht, ist alles in Ordnung und still.

Erleuchtung

Vielleicht bist du ein spiritueller Sucher auf der Suche nach Erleuchtung. Und vielleicht hast du auch schon einiges über dieses Thema gelesen, Menschen in Videos gesehen, von denen du glaubst, dass sie erleuchtet sind, warst vielleicht bei einem »Erleuchteten« auf einem Vortrag oder sogar für eine Weile direkt bei ihm oder ihr zu Gast.

Doch Erleuchtung ist nur aus der Sicht eines illusionären Ichs von Bedeutung, das glaubt, ein bestimmtes spirituelles Ziel erreichen zu müssen. Das Ich, von dem ich hier spreche, ist illusionär, weil es bloß aus Gedanken und auftauchenden Emotionen besteht, ein komplexes und schwer durchschaubares Gebilde, das vorgibt, »Ich« zu sein. Und dieses scheinbar persönliche Ich möchte einen anderen Zustand erreichen, als es gerade hat, nämlich einen besseren.

Dieses Streben ist häufig gepaart mit der Vorstellung, dass Erleuchtung zu einem besseren Leben führt, und wenn es besonders gut läuft, vielleicht auch zu außergewöhnlichen Fähigkeiten.

Doch hier liegt ein grundlegender Irrtum vor, weil der Glaube, persönliche Erleuchtung erreichen zu können, auch nur ein Bestandteil der großen Illusion ist.

Gelegentlich taucht der Wunsch nach Erleuchtung auf, oft bleibt er aber auch weg und spielt im Leben keine Rolle. Wenn dieses Streben auftaucht, ist es nicht bedeutungsvoll, denn der scheinbare Ich-Apparat wechselt nur sein Kleid. Nun tauchen Wünsche und Ziele auf, die sich nobler und heiliger anfühlen als andere Bestrebungen im Leben.

Doch erleuchtet zu sein, ist kein besonderer Zustand, sondern der Normalzustand des Lebens (des Seins). Es ist schon alles erleuchtet, bloß wird das nicht immer erkannt. Ich gebe zwei kleine Beispiele, die hoffentlich hilfreich sind.

Stelle dir zunächst einen Bewusstseinsraum vor, in dem alles auftaucht. Und weil das Sein in seinen Erscheinungen keinen Unterschied macht, wird alles gleichberechtigt im Licht des einen Bewusstseins gesehen: Häuser, Menschen, Berge, Dinge, Tiere, Gedanken, Gefühle usw. Es spielt keine Rolle, ob scheinbar unbewusste Charaktere oder bewusste Charaktere da sind. Alles ist gleichberechtigt anwesend und das Licht des Bewusstseins erleuchtet alles urteilsfrei.

Angenommen, du denkst »Ich müsste noch viel bewusster werden.« Wenn du bemerkst, dass du diesen Satz denkst, könnte dir auch auffallen, dass dieser Satz vom Bewusstsein registriert wird. Denn sonst könntest du ihn nicht bemerken.

Sogar ein Gedanke, der Unbewusstheit zum Thema hat, erscheint im Licht des Bewusstseins. Deshalb ist auch dieser Gedanke erleuchtet, genauso wie alles andere erleuchtet ist, egal, ob wir es als positiv oder negativ bewerten. An dem Auftauchen der verschieden wirkenden Inhalte kannst du nichts ändern, weil es dich als Person nicht gibt. Alles ist nur scheinbar, alles ist nur »als ob«.

Nun das zweite Beispiel. Stelle dir eine große Wiese bei schönstem Sonnenschein vor. Auf dieser Wiese stehen Hunderte Menschen. Alle haben einen Eimer auf dem Kopf, sodass sie nichts sehen können. Dieser Zustand mit dem Eimer auf dem Kopf entspricht dem eines spirituellen Suchers, der sich für ein vom erleuchteten Sein abgetrenntes Individuum hält und noch etwas anderes finden möchte.

Und nun stelle dir vor, einer dieser Menschen stolpert über einen Maulwurfshügel, er kann sich wieder fangen, aber der Eimer fällt zu Boden. Dieser Mensch erkennt sofort, dass die Sonne (das Licht des Bewusstseins) auf ihn scheint, aber auch, dass die Sonne auch auf alle anderen Menschen scheint, die noch den Eimer auf dem Kopf haben.

Alles befindet sich schon im Licht des Bewusstseins, alles ist erleuchtet. Das, was du suchst, wenn du Erleuchtung suchst, bist du bereits, egal ob das erkannt wird oder nicht. Es gibt keinen Weg, den du beschreiten könntest, um dorthin zu gelangen. Die spirituelle Suche wird häufig von einer inneren Anspannung begleitet. Doch wenn erkannt wird, dass alles schon erleuchtet ist, weil alles im zeitlosen Licht des Jetzt erscheint, kann sich diese Anspannung in Entspannung und ein Gefühl von Leichtigkeit verwandeln.

Es kann nicht der Fall sein, dass eine Person erleuchtet ist, aber alle anderen nicht oder noch nicht. Gelegentlich hören wir die Aussage »Ja, ich bin erleuchtet«. Doch das ist auch nur Teil der Illusion.

Eine Person kann nicht erkennen, dass sie reines Bewusstsein ist, sondern das eine Bewusstsein erkennt, dass es keine Person ist.

Lies den vorherigen Satz bitte noch einmal.

Es gibt keine Person und deswegen ist hier niemand persönlich anwesend. Und dort bei »dir«, liebe Leserin und lieber Leser, auch nicht. Die Begriffe »Erwachen« oder »Befreiung« halte ich für geeignet, um eine Bewusstseinstransformation zu beschreiben. Modellhaft könnte man sagen, das eine Bewusstsein befreit sich aus der Illusion oder erwacht aus dem

Irrglauben, eine Person zu sein. Wobei allerdings alles schon frei und wach ist und nicht noch wacher werden kann.

Das Sein erkennt sich selbst als Sein und erleuchtete Personen spielen dabei keine Rolle.

Was zur Erleuchtung führt

Spirituelle Übungen oder Verstehen sind keine Voraussetzungen für Erleuchtung, weil alles schon erleuchtet ist. Das wird bloß selten erkannt.

In diesem Spiel, das hier auf geniale Weise läuft, sieht es bloß manchmal so aus, als ob das Eine zum Anderen führen würde. Das ist aber nicht so, weil es keinen Zeitablauf gibt. Und ohne Zeit gibt es weder Ursache noch Wirkung. Nichts führt zu irgendetwas.

Um sogenannte Erleuchtung zu erfahren, benötigst du nicht noch etwas Zusätzliches, sondern die vorhandene Illusion, ein Ich zu sein, das noch etwas erlangen will, darf verschwinden. Weniger ist hier mehr. Ich erwähnte schon an anderer Stelle, dass die spirituelle Suche nur in Zusammenhang mit einem illusionären Ich auftritt. Löst sich die Identifikation damit auf, löst sich auch die spirituelle Suche auf. Das Sein erkennt sich selbst und dass es schon immer so ist, wie es ist.

Wenn ich etwas empfehlen würde, dann vielleicht, sich hinzusetzen und zu registrieren, was an »inneren Inhalten« erscheint. Anders gesagt, beobachte alle auftauchenden Gedanken und Gefühle. Du wirst erkennen, dass du sie beobachten kannst und deshalb nicht die Inhalte selbst bist, sondern eher wie ein stiller Beobachter.

In diesem Spiel scheinen gewisse Regeln zu gelten und manchmal scheint es so zu sein, dass das Beobachten der Inhalte zu einer Auflösung der Identifikation mit ihnen führt. Aber nichts führt zu irgendetwas. Es kann erkannt werden, dass alles im Licht des einen Bewusstseins erscheint und somit alles schon erleuchtet ist. Ein Streben nach persönlicher Erleuchtung ist daher sinnlos.

Dieser Dirk Hessel-Typ kann das mit einiger Überzeugung sagen, weil er innerhalb dieser Geschichte selbst jahrelang nach Erleuchtung gesucht hatte. Und erst als die Identifikation mit der persönlichen

Identität zerbrach, wurde klar, was in diesem Buch beschrieben wird.

Versuche nicht, etwas Neues zu erlangen, sondern versuche eher, deine eigene Illusion zu durchschauen. Du brauchst nicht noch mehr Bücher zu lesen, anstrengend zu üben oder irgendwo da draußen herumzulaufen, auf der Suche nach Erleuchtung. Bleibe bei dir und schaue nach, ob du erkennen kannst, was alles an Gedanken und Gefühlen auftaucht. Das ist ein guter Start, um das Ich zu durchschauen, was aber auch nur auf dieser Spielebene eine Bedeutung hat.

Die suchende Figur ist Teil der Illusion. Das Eine sucht sich selbst und hat sich für eine Zeit innerhalb dieses Spiels in einer scheinbar komplizierten menschlichen Figur versteckt und sich so, mit vollkommener Faszination für die erschaffene Komplexität, vor sich selbst verschleiert.

Das große Spiel ist wie das Kinderspiel »Blinde Kuh«. Wenn die Augenbinde herunterfällt, wird alles erkannt. Aber beeinflussbar ist das nicht, und deshalb ist Erleuchtung auch nicht notwendig. Alle Erscheinungen des Seins sind gleichwertig, denn das

Licht des Bewusstseins erleuchtet unterschiedslos alles.

Wer sind wir mit unserer spirituellen Suche? Das. Wer sind wir ohne unsere spirituelle Suche? Das. Was geschieht ohne ein Du oder ein Ich? Das. Es ist nur Das. Sein, dies hier, ohne eine persönliche Note, ist die wahre Natur. Das zu erkennen ist Erleuchtung.

Der Schlaf nach dem Erwachen

Das sogenannte Erwachen geschieht spontan und ist weder zu beschleunigen noch zu verhindern. Wenn die Identifikation mit dem scheinbar hier anwesenden Charakter zerfällt, erkennt das eine Leben sich selbst. Es erwacht aus dem Traum, eine Person zu sein. Wobei ich wieder erwähnen möchte, dass das eine Bewusstsein bereits vollkommen wach ist und nicht noch wacher werden kann. Es handelt sich hier nur um gedankliche Modelle, um das ablaufende Geschehen etwas begreiflicher zu machen.

Häufig scheint es in diesem Spiel des Lebens so zu sein, dass auch nach dem sogenannten Erwachen bestimmte Phasen durchlaufen werden. So ist es wohl manchmal der Fall, dass die Identifikation mit dem Ich wieder zurückkehrt. Aus Sicht der scheinbaren Person, die dann wieder auftaucht, fühlt sich dieser Vorgang wie ein Rückschlag an. Nicht selten erscheinen dann auch Deprimiertheit und Verärgerung und der dringende Wunsch, den vorherigen Zustand wieder zurückzuerlangen.

Doch das »Einschlafen« ist nicht zu verhindern, weil es ein gleichberechtigter Bestandteil des Spiels des Lebens ist.

In anderen Fällen scheint das ständige Durchschauen der Ich-Illusion stabiler zu sein. Im Ganzen kommt es darauf an, zu erkennen, dass das Ich nicht beseitigt werden muss. Ohne ichbezogene Gedanken, wenn es geistig still ist, erledigt der Körperorganismus weiter alle notwendigen Tätigkeiten. Für unser Dasein ist es praktisch und vorteilhaft, wenn man mit anderen Charakteren kommunizieren kann. Insofern sind manche der ichbezogenen Gedanken und Gefühle sogar recht hilfreich.

Auch wenn erkannt wird, dass hier niemand in Person ist, wird die meiste Zeit so getan, als ob hier eine

Person sei. Aber auch dieses »als ob«-Tun kann nicht persönlich gesteuert werden. Es geschieht einfach.

Erwacht das Leben aus der Illusion, klein und begrenzt zu sein, vergisst es das vielleicht manchmal wieder, aber die Erinnerung an die eigene wahre Natur taucht wieder auf. Das Ich als illusionäre Figur kann bleiben und braucht nicht bekämpft zu werden. Mehr Leichtigkeit stellt sich ein, wenn alle auftauchenden Inhalte nicht mehr so ernst genommen werden. Deswegen heißt es »Spiel des Lebens«. Spiele einfach mit, egal was geschieht.

Was man nach dem Erwachen tut

Wenn die Person als Illusion durchschaut wird, scheint es manchmal so zu sein, dass sich eine Phase der Integration anschließt.

Das Sein, das hauptsächlich geistiger Natur ist, benutzt den Körper, um zur Erkenntnis über sich selbst zu gelangen. Das geistige Erkennen der Zusammenhänge geschieht manchmal blitzartig. Der Körper scheint auf dieser Spielebene etwas träger zu sein, sodass er der geistigen Entwicklung oft etwas hinterherhinkt.

So kann es dazu kommen, dass der »frisch erwachte Mensch« für eine Weile nicht mehr so in der Welt agieren kann, wie es zuvor der Fall war. Bei mir war es so, dass ich für einige Monate zurückgezogen lebte und nur wenig mit der Außenwelt kommunizierte. Doch nach dieser Phase wurde das Leben wieder gewöhnlicher.

Häufig wird mir die Frage gestellt: »Wenn hier niemand ist, wozu soll ich mich noch anstrengen und etwas tun? Dann könnte ich genauso gut auf meinem Sofa sitzen bleiben und faul sein.« Im Prinzip stimmt das. Aber wahrscheinlich bleibt man nicht sitzen, wenn man aktiv veranlagt ist.

Die im Sein auftauchenden Charaktere haben ein bestimmtes Naturell und deshalb bleiben auch nach dem sogenannten Erwachen die gegebenen Charaktereigenschaften größtenteils erhalten.

Weil die meisten Menschen aktive und schöpferische Wesen sind, verfolgen sie aktive und schöpferische Tätigkeiten. Das unterbleibt nicht, wenn ein Erwachen stattgefunden hat. Du darfst faul sein oder aktiv, ganz wie es dir gefällt. Vieles läuft weiter wie bisher, bloß wird es nicht mehr so ernst genommen. Weiterhin tauchen auch hier Wünsche auf, gern nach einer Tasse Kaffee oder einem Stück Kuchen, und normale Aktivitäten finden weiterhin statt. Wenn das nicht so wäre, könntest du diese Zeilen nicht lesen, weil sie nicht geschrieben worden wären.

Wenn das Erkennen des Einsseins stattgefunden hat, tritt meist Entspannung ein. Das Leben wird leichter und man kann es mehr genießen. In gewisser Weise wird alles gleichwertig.

Das Spiel des Lebens kann man nicht ohne Weiteres verlassen, es sei denn, das Spiel beschließt, den Charakter spontan aus dem Spiel zu nehmen. Also bleibt man wie ein Schauspieler weiter auf der Bühne, der Unterschied ist jetzt nur, dass man seine Rolle durchschaut hat.

Man hält sich nicht mehr für die Prinzessin oder den Ritter. Und dieses Erkennen kann neben Leichtigkeit auch zusätzliche Lebensfreude bewirken.

Du kannst einen Tee trinken oder in die Natur gehen und dich an ihr erfreuen. Die wunderbare und vielfältige Welt der Erscheinungen ist für dich da und du kannst an ihr teilhaben. Natürlich kannst du auch weiterhin deiner üblichen Arbeit nachgehen, meditieren oder ein spirituelles Training absolvieren.

Sei dir dabei aber bewusst, dass alles nur ein Spiel ist, und niemand Persönliches existiert, der all das tut.

Gerade weil niemand etwas tun oder erreichen kann, bist du auf dieser Ebene des Daseins frei, zu tun, was dir gefällt. Dadurch hast du auf dem Spielplatz des Lebens einen großen Raum an Möglichkeiten.

Möglicherweise entfallen durch diese Erkenntnis auch emotionale Aspekte, wie Arroganz und Vorurteile, Schuldgefühle, Neid oder Hass. Es gibt niemanden, den diese Emotionen treffen könnten.

Alle Menschen haben eine spielerische Natur, und nun kann sie sich wieder zeigen. Aus dieser Perspektive betrachtet ist das aber nicht bedeutungslos, sondern wundervoll.

Die Bedeutung von Spiritualität

Spiritualität hat keinen eigenständigen Sinn. Es ist einfach ein Begriff für das, was sowieso schon geschieht.

Das Wort »Spiritualität« wird, wenn falsch verwendet, zu einem mentalen Konzept, das mit einem

Anschein von Heiligkeit versucht, das Eine in zwei zu zerteilen. Auf der einen Seite befindet sich dann der spirituelle Teil und auf der anderen Seite der nicht spirituelle. Hierin kann sich die Wertung verstecken, dass das eine besser sei als das andere. Und schon haben wir ein wunderbares Beispiel, wie ein spirituell getarntes Ego durch gedankliche Vorstellungen Spaltung erzeugt.

Hier taucht gelegentlich der Ausdruck »spiritueller Lehrer« auf, um durch Anziehung der Aufmerksamkeit die Möglichkeit zu schaffen, auf trennende Elemente im Spiel hinzuweisen. Dadurch kannst du Worte entdecken, die nicht sagen: »Schau mich an, wie toll ich bin«, sondern: »Schau durch mich hindurch, in dich hinein.«

Der spirituellste Gedanke ist der, der gar nicht erst auftaucht, weil so etwas wie Spiritualität nicht getrennt von etwas anderem existiert. Denn das würde voraussetzen, dass auch das Gegenteil davon, die Nicht-Spiritualität existiert. Doch alles taucht nur in dem einen Bewusstseinsfeld auf: das Bewusstsein, das sich seiner selbst bewusst ist und alle darin auftauchenden Inhalte. Dazu gehören auch alle gedanklichen Konzepte – ohne Ausnahme.

Nichts ist entweder spirituell oder nicht spirituell. Alle gedanklichen Konzepte, auch die, die scheinbar etwas Gegenteiliges behaupten, sind nur Bewusstseinsinhalte in verschiedener Form. Das Konzept der Spiritualität weist lediglich auf einen Bewusstseinsraum hin, der über die normale, oberflächliche Ebene des Daseins hinausreicht. Alles befindet sich in einem Bewusstseinsfeld und ist nicht voneinander zu trennen.

Mit dieser Erkenntnis wird das Konzept von Spiritualität überflüssig, außer man benutzt es als Wegweiser zur eigenen Essenz.

Der Buddha sagte: »Erleuchtung ist das Ende allen Leidens.« Mein zusätzlicher Hinweis lautet: Erleuchtung ist das Ende aller Konzepte und damit auch der Vorstellung einer abgekoppelten Spiritualität.

Wenn du dich laufend damit beschäftigst und dich damit identifizierst, ein spiritueller Mensch zu sein, verstärkt das dein Ego weiter. Durch dieses Konzept wird es fast unsichtbar, weil es sich nun hinter einer einer noblen, »spirituellen« Maske verbirgt. Dadurch ist es nur noch schwer zu entlarven.

Das spirituelle Ego ist der größte Gegenspieler für steigende Bewusstheit. Versuche einmal, den Raum des Bewusstseins zu verlassen. Kann das gelingen? Selbst die tiefste Meditation, in der nichts mehr zu sein scheint, geschieht innerhalb des einen Bewusstseins.

Welche Rolle spielen also irgendwelche spirituellen Konzepte? Ein Ich will ein besseres, spirituelles Ich sein und sucht innerhalb dieses Rahmens nach einem Sinn. Lasse diesen Wunsch los und das Sein geschehen.

Der beste spirituelle Ratschlag

Meine spirituelle Lehrerin empfahl mir, regelmäßig in Stille zu sitzen. Dieser Tipp erwies sich als sehr wertvoll, weil durch das Sitzen die Bereitschaft aktiviert wird, sich allem zu öffnen, was sich zeigen will.

Zunächst war mein Geist unruhig, die Gedanken schwirrten durch den Kopf, und es gab den Drang, aufzustehen und etwas anderes zu tun. Der wahre Wert dieses Ratschlags entfaltete sich erst nach einiger Zeit, und Erkenntnisse von solcher Tiefe stiegen im Licht des Bewusstseins auf, dass ich ehrfürchtig staunte.

Aber der wertvollste Ratschlag war eigentlich nur ein Hinweis in Form eines einzigen Satzes, den meine Lehrerin mir einprägte: »**Du bist nur ein Gedanke.**«

Während ich mich mit dieser Aussage beschäftigte, zerbrach die Identifikation mit dem Ich. Es wurde erkannt, dass Dirk Hessel nur eine illusionäre Person ist, die im Sein auftaucht. Die Person hat nichts erkannt, da sie nur wie eine Seifenblase ist, die nichts erkennen kann. Das Sein hat erkannt, kein Dirk Hessel zu sein, als sich die hypnotisierende Illusion einer angeblich vorhandenen Person auflöste.

Der Gedanke »Ich bin nur ein Gedanke« wurde als profaner Buchstabensalat durchschaut, in welchem kein persönliches Ich existiert.

Die Aufmerksamkeit auf die gedankliche Ich-Illusion zu richten, ist einer der wertvollsten spirituellen Tipps.

Ein Hindernis beim spirituellen Wachstum

Das größte Hindernis beim spirituellen Wachstum ist das Streben nach spirituellem Wachstum.

Oft hält uns die spirituelle Suche vom bewussten Erleben der präsenten Gegenwärtigkeit ab, weil wir durch unsere Gedanken und Gefühle dauernd damit beschäftigt sind, unseren spirituellen Entwicklungsstand zu überprüfen. Man kann es auch so ausdrücken, dass uns die Suche vom Finden des Gesuchten abhält.

Persönliche Erleuchtung oder persönliches Erwachen sind Fantasien, die innerhalb des Spiels des Bewusstseins als gleichwertige Spielelemente auftauchen. Lösen sich diese Fantasien auf, bist du vom vermeintlich nobelsten Drang des Ego – ein erleuchtetes Ich zu werden – befreit. Jetzt hast du mehr Freiheit, Ruhe und Freude gewonnen.

Wahre Erleuchtung ist die Erkenntnis, dass niemand da ist, der erleuchtet werden kann. Somit ist persönliche Erleuchtung eine Illusion und das Streben danach sinnlos. Mit Glück erkennt sich das

eine Leben selbst, aber kein Ich kann das beeinflussen oder beschleunigen.

Das spirituelle Wachstum geschieht, wie es geschieht und nicht, wie ein scheinbares Ich es haben möchte. Ob du ein Brot backst, das Badezimmer putzt, Tantra-Praktiken übst oder ein Unternehmen leitest – das spirituelle Wachstum ist nicht zu beeinflussen. Scheinbare Hindernisse tauchen auf und verschwinden wieder. Oder auch nicht. Wenn das Sein sich selbst auf die Stirn küsst, was man Gnade nennen könnte, kommt es zum sogenannten Erwachen aus dem Traum der Getrenntheit.

Vielleicht ist es auf praktischer Ebene hilfreich, Bereitschaft zu entwickeln für alles, was sich zeigen will, und auch die Bereitschaft zu haben, das Streben nach spirituellem Wachstum loszulassen.

So kann man sich vorstellen, mehr Raum für das Licht zu schaffen, das du bist und das sich vollständig zeigen will. Aber auch das ist nur ein gedankliches Modell und kann das Leben nicht beschleunigen.

Ich hatte eine Lehrerin, die zu mir sagte: »Du kannst den Fluss nicht schieben.« Ich finde, schöner kann man die Wahrheit des Lebens nicht ausdrücken.

8. Leben und Sterben

Die größte Ablenkung im Leben

Die scheinbar größte Ablenkung im Leben ist die Vorstellung, ein abgetrenntes und persönliches Wesen zu sein, das ein unabhängiges Schicksal hat.

Diese Vorstellung wird hervorgerufen durch das illusionäre Ichgefühl, ein scheinbar reales Gebilde, das sich jedoch nur aus auftauchenden Gedanken und Emotionen zusammensetzt. Das eine Bewusstsein, das es nur gibt, identifiziert sich mit diesem Gebilde, verkleinert sich dadurch auf das Bewusstseinsfeld einer scheinbar kleinen Person und erfährt Leid.

Alles, was nicht zu dieser Person gehört, ist laut Definition dieses Einzelwesens das Andere. Und da das Andere viel größer und unkontrollierbar zu sein scheint, erzeugt es Angst.

Formen kommen und gehen. Sie werden geboren und sterben. Doch du bist keine kleine, sterbliche Form, sondern du bist das eine zeit- und grenzenlose Bewusstseinsfeld, in dem alles auftaucht. Das Leben spielt und fällt auf seine eigenen, faszinierenden

Tricks herein. Manchmal werden diese ablenkenden Tricks durchschaut und manchmal nicht.

Wird der Irrtum, ein einzelnes, menschliches Wesen zu sein durchschaut, spricht man von Erleuchtung. Doch eine Person kann nicht erleuchtet sein, sondern das eine Leben erkennt, dass es keine Person ist und dass alles schon erleuchtet ist.

Alle vorhandenen Ablenkungen sind in Ordnung. Nichts muss erreicht werden, denn alles ist schon jetzt der vollkommene Ausdruck des Seins. Ablenkung oder nicht, Suche oder nicht, es ist alles perfekt und könnte nicht anders erscheinen als es das gerade tut.

Die größte Herausforderung im Leben

Die größte Herausforderung ist es wohl, zu erkennen und zu akzeptieren, dass du nur ein Gedanke bist, dass es kein Ich gibt und dass demzufolge niemand dort als Person existiert.

Diese Aussage erzeugt häufig Unruhe oder Angst. Das kleine Ich fühlt sich von diesen Worten bedroht und will sich gegen sie schützen, weil es glaubt, Kontrolle und ein Eigenleben zu haben. Worte, die aus einer tiefen Erkenntnis stammen, erzeugen bei vielen Menschen Abwehr und ein Gefühl der Ohnmacht. Doch ist die Kraft dieser Worte erst einmal tiefer gesunken, kann sich das Gefühl der Ohnmacht in ein Gefühl von grenzenloser Freiheit verwandeln.

Es ist sehr herausfordernd, Bereitschaft für eine grundlegende Bewusstseinstransformation aufzubringen. Doch mache dir hierüber keine Sorgen, denn du kannst diesen Prozess weder verhindern noch beschleunigen. Es geschieht, wenn es geschieht. Ist die Substanzlosigkeit des illusionären Ichs erst einmal akzeptiert, kann es trotzdem sein, dass noch Gedanken auftauchen, die auf eine Vergangenheit hindeuten. Vielleicht glaubst du noch, dass du in einer Vergangenheit etwas angerichtet hast oder dir etwas angetan wurde. Doch nichts davon ist wahr, weil es niemanden gibt, der etwas anrichten kann oder dem etwas angetan worden sein kann.

Es existiert keine getrennte Person, sondern alles ist das Eine. Ich wiederhole diese Worte, damit sie die Egoschichten durchdringen und den Kern des Seins treffen. Anders ausgedrückt, das Sein spricht zu sich selbst, und wenn die Ablenkung der Ich-Illusion zerfällt, kann es seine eigenen Worte in voller Klarheit empfangen.

Und schon sind wir bei der nächsten großen Herausforderung: zu akzeptieren, dass du absolut unschuldig bist und dass auch jeder Andere absolut unschuldig ist. Es ist nichts geschehen, weil es keine getrennten Personen gibt, und es ist auch deshalb nichts geschehen, weil es keine Zeit gibt, in der etwas geschehen könnte. Aber das ist ein Thema, über das ich an anderer Stelle schon gesprochen habe.

Zusammengefasst kann ich die größte Herausforderung so beschreiben: Akzeptiere, dass es dich nicht gibt, dass nie etwas geschehen ist und dass deshalb alles unschuldig ist.

Volles Potenzial leben

Es gibt viele Gründe, warum die Menschen nicht ihr volles Potenzial leben. Ein wichtiger Aspekt bei der Blockierung des Potenzials ist die Identifikation mit einer sogenannten Vergangenheit und der Irrglaube, dass man das Produkt dieser Vergangenheit sei.

»Die Summe meiner Erfahrungen ist das, was mich ausmacht.« Häufig definieren wir uns über einen Stapel Papiere, wie unseren Schulabschluss oder einen ausführlichen Lebenslauf, in dem wir präsentieren, wer wir sind. Stellt jemand unsere schwarz auf weiß dokumentierte Lebensgeschichte und unser Wissen infrage, greift er damit unsere eingebildete Identität an. Hierdurch entsteht das Angst machende Gefühl, angegriffen zu werden. Das Gedankenmuster »Ich bin das Produkt der Vergangenheit« erscheint häufig und dabei wird selten erkannt, dass es einfach nur im Licht der Gegenwart erscheint. Die dazu auftauchende Geschichte über eine angebliche Vergangenheit wird automatisch geglaubt. Ist man von diesem Gedanken hypnotisiert, kann man nicht in seinen wahren Lebensausdruck kommen, denn obwohl man jetzt erwachsen ist und sich in der Gegenwart befindet, sollen anscheinend noch andere Personen, wie zum Beispiel die Eltern für das derzeitige persönliche Leid verantwortlich sein.

Können diese Personen vom Ego aus irgendeinem Grund nicht beschuldigt werden (was aus dessen Sicht nur selten vorkommt), gibt man stattdessen seinem früheren Ich die Schuld für das eigene angebliche Versagen in der Vergangenheit. Der illusionäre

Ich-Apparat, das Ego, braucht die Vergangenheit als Sündenbock und Identifikationsfläche.

Doch wir sind nicht das Produkt unserer Vergangenheit. Wir sind der Ausdruck dieses Moments – dessen, wie jetzt gefühlt, gedacht und gehandelt wird. Sobald wir alle Gedanken, eine Vergangenheit betreffend nicht mehr glauben, sind wir frei.

Aber ganz so leicht ist es nicht, denn normalerweise ist die Identifikation mit dem Ich sehr stark, die illusionäre Person leidet, und häufig glauben wir, dass wir dauerhaft an dieses Leid gebunden sind.

Der nächste Grund, nicht sein Potenzial leben zu können, ist die Angst vor unserer wahren Natur. Zwar gibt es eine Suche nach der Quelle, die wir sind, aber gleichzeitig unternimmt das Ego der suchenden Person alles Mögliche, um diese Suche zu sabotieren. Wenn die wahre Natur – das Sein – erkannt ist, wird die Identifikation mit einem Ich überflüssig. Und genau davor hat die Seifenblase »Ich« Angst. Sie will nicht vom Licht des Bewusstseins als Seifenblase erkannt werden. Dann würde sie sich einfach auflösen.

Anders ausgedrückt, haben die Menschen Angst vor der wahren, bedingungslosen Liebe, weil ihr

Erscheinen viele Egostrukturen beseitigen würde. Das illusionäre Ich besteht vom emotionalen Aspekt her betrachtet hauptsächlich aus Angst, und deshalb fürchtet es das klare Licht des Bewusstseins und das Durchschauen der Illusion. Das Ego will die Kontrolle über alles behalten, was nicht funktionieren kann, weil sich die zeitlose Gegenwart ständig umkonfiguriert.

Für uns gilt es, an nichts festzuhalten, sondern Vertrauen in das Leben zu entwickeln. Das Naturell des Ego entspricht allerdings dem genauen Gegenteil. Es hat Angst vor Kontrollverlust, kann dagegen aber nichts ausrichten, weil die Zukunft nicht planbar ist.

Ebenso bringt das vermeintliche Ich Angst aus einer scheinbaren Vergangenheit mit – als sogenannte Erfahrung. Es hat Angst vor dem Licht der Gegenwart, das es sofort auflösen würde, und es hat Angst vor der Zukunft, weil es nicht weiß, was noch alles geschehen wird. Da Angst aber ein integraler Bestandteil des Ichs ist, wird an ihr festgehalten. Hier läuft ein Gedankenmuster ab, das in etwa so lautet: »Wer wäre ich ohne meine Angst?«
Viele gedankliche Muster können uns von einem schöpferischen Leben in der Gegenwart ablenken.

Unter kreativen Menschen gibt es ein besonders Beliebtes: »Wenn ich innerlich aufräume und meine Hindernisse beseitige, verliere ich meine Kreativität. Deshalb brauche ich meine seelischen Störungen und ein kompliziertes Dasein, um erfolgreich zu sein.«

Hier wird fälschlicherweise angenommen, dass nur Menschen mit einer hohen inneren Komplexität eine ausreichend große Tiefe besitzen, um künstlerisch etwas Besonderes erreichen zu können. Doch der Irrglaube, Leid für ein künstlerisches Dasein zu brauchen, ist das größte Hindernis an der Entfaltung von echter Kreativität. Die Quelle der wahren, spontanen Kreativität ist das Bewusstsein, das wir sind und nicht das illusionäre Ich, das wir zu sein glauben.

Hier liegt eine Verwechslung vor zwischen Kreativität und überbordender Kompliziertheit. Erst wenn die krankmachenden und komplizierten Egomechanismen schwächer werden und schließlich zusammenbrechen, steht uns das gesamte Potenzial des Seins zur Verfügung. Was jetzt an Kreativität hervorsprudeln kann, ist in keiner Weise zu vergleichen mit nur durch reinen Intellekt produzierter Kunst.
Natürlich gibt es Künstler, die in ihrem Schaffensbereich Verbindungen zur Quelle des Seins haben

und in anderen Bereichen des Lebens von großem Leid geprägt sind. Doch Leid ist weder Voraussetzung noch Eigenschaft von Kreativität. Gelegentlich treffen sie zusammen, aber es gibt weitaus mehr Menschen auf diesem Planeten, die wegen ihres Leids nicht in den Genuss ihrer schöpferischen Kraft kommen. Sie würden sich gern auf vielfältige Weise ausdrücken, aber innerlich sind sie fast erstarrt, weil sie nicht mit dem Fluss des Lebens schwimmen.

Wollen wir an unserem Leid festhalten, um kreativ zu sein, engen wir uns damit ein und werden womöglich deutlich weniger schöpferische Leistungen erbringen. Wenden wir uns wieder unserem wahren Selbst zu, haben wir unsere kreative Quelle entdeckt und schöpfen aus der unendlichen Fülle des Lebens.

Verwechsle bitte nicht den kleinen Intellekt eines menschlichen Körpers mit der unermesslich höheren Intelligenz des Lebens. Das, was wir üblicherweise »Intelligenz« nennen, ist nur ein winziges Fragment, das von der einen wahren Intelligenz erschaffen wird.

Diese eine Intelligenz, das Leben selbst, drückt sich auch als Gedanken und Gefühle aus, die auf das wahre Wesen unserer Natur hinweisen. Doch häufig hören wir nicht auf die leise innere Stimme, sondern glauben eher der lauten Stimme des Verstandes. Diese Stimme findet sich als Spiegel im Außen wieder.

Häufig vorgetragene Meinungen von »Autoritäten« aus dem Fernsehen, aus dem Elternhaus und dem Umfeld werden für bare Münze genommen und dann als eigene Meinung integriert. Nun können wir nicht mehr unterscheiden zwischen der weisen inneren Führung und einer vom kollektiven Ego durchdrungenen Fremdbestimmtheit, sodass unsere Handlungen und Urteile oft fehlgeleitet sind.

Und sollten wir uns dazu durchringen, auf unsere innere Führung zu hören, passiert es häufig, dass wir von anderen Menschen in unserem Vorhaben gebremst werden. Dann heißt es: »Willst du das wirklich machen? Hast du dir das gut überlegt, deine Sicherheiten für dein neues Projekt aufzugeben?« Wer kennt sie nicht, diese »Bremser« im Leben und verflucht sie nicht gelegentlich? Doch auch diese Figuren sind nur ein Spiegel deiner eigenen inneren Haltung und manifestieren sich als Zweifler im Außen.

Wenn dir das geschieht, frage dich, ob du wirklich vollen Herzens dazu bereit bist, ein neues Leben zu beginnen. Die wahre Antwort wird nicht lange auf sich warten lassen. Wir Menschen sind größtenteils so gestrickt, dass wir lieber an bekanntem Leid festhalten als unbekanntes Neuland anzusteuern. Das Ego hat das Steuerrad in der Hand und es hat Angst vor Verlust: vor Verlust der Beziehung, des Status, vor materiellem Verlust und sogar vor dem Verlust einer Krankheit. All das sind hervorragende Identifikationsflächen, und wenn sie wegbrechen würden, hätte die Person das Gefühl, dass nichts mehr von ihr übrig bliebe.

Du siehst, es gibt viele Hindernisse, die es zu erkennen gilt, bevor man sein volles Potenzial leben kann. Und es ist nicht so, dass du diese Worte unkritisch akzeptieren sollst. Es ist viel spannender und erfüllender, Selbsterforschung zu betreiben und herauszufinden, wer oder was es ist, das diese Dinge über sich, die Vergangenheit, über Kreativität und über das Gefühl, ausgebremst zu werden, denkt. Du wirst herausfinden, dass da niemand in Person ist. Es gibt keinen Denker.

Die Gedanken kommen aus dem Nichts, aus einer lebendigen Stille. Alles findet in der Gegenwart statt, auch Gedanken, die auf eine scheinbare Vergangenheit hindeuten. Stelle dir die Einheit vor, wie ein energetisches Gewebe, das sich fortwährend in der Gegenwart umkonfiguriert. Alles taucht gleichzeitig ohne Ursache und Wirkung darin auf: scheinbare Erfahrungen, Erinnerungen, Gefühle, Überzeugungen, Geschichten usw. Damals hast du nichts getan, unterlassen, erlitten oder gelernt.

Auch wenn es vielleicht noch schwer zu sehen ist – du bringst nichts von früher mit, denn du bist nur die zeitlose Gegenwart. Und deshalb kann dich nach dem Erkennen dieser Zusammenhänge nichts mehr davon abhalten, jetzt dein volles Potenzial zu leben.

Trost spenden bei Tragödie oder Verlust

Persönliche Tragödien und Verluste sind die größten Herausforderungen im Leben. Wenn du jemanden »erfolgreich« trösten möchtest, setzt das voraus, dass der betroffene Mensch Bereitschaft besitzt, die neue Situation zu akzeptieren.

Das Leben verändert sich ständig und die Formen kommen und gehen. Häufig wollen wir an bestehenden Formen festhalten und hoffen, dass sie noch so lange wie möglich erhalten bleiben. Wenn dann eine

Form zerfällt oder abhandenkommt, was wir üblicherweise Tod oder Verlust nennen, empfinden wir einen tiefen Mangel, weil wir uns mit dieser Form identifiziert haben.

Wir sagen beispielsweise: »Das war meine Partnerin, das war mein Partner« oder vielleicht: »Das war meine Firma, das war mein Haus.« Das sind die Gedankengänge des Ego. Egal, um was es sich handelt, es macht alles zu seinem Eigentum und identifiziert sich damit, um sein illusionäres Selbst zu stabilisieren und zu vergrößern. Verlieren wir etwas von unserer Identifikationsfläche, verursacht das Trauer und Wut: »Das war meins, und ich möchte es zurückbekommen!«

Doch so funktioniert das Leben nicht, weil es sich auf vielfache Weise zeigt und sich stets ändert.

Ein Trost kann darin bestehen, dem trauernden Menschen zu erklären, dass das Leben kein Gegenteil hat. Innerhalb des Lebens werden Formen geboren, um irgendwann wieder zu sterben. Doch das Leben stirbt nicht. Das, für was wir uns und unsere Nächsten normalerweise halten, sind wir nicht. Wir sind keine sterblichen Personen, sondern nur vorübergehende Erscheinungen in dem einen Leben, das wir selbst sind. Wenn der Tod des Körpers eintritt, geht das Leben weiter.

Ich kann nicht sagen, wie sich die Gegenwart dann gestalten wird, aber dass der gegenwärtige Moment immer bleibt, wird schon jetzt direkt erkannt. Als hier die Identifikation mit dem Ich zerbrach, war es wie ein Gefühl von klarer, allumfassender Liebe, die kein Gegenteil kennt. Besser kann ich es mit Worten nicht beschreiben, weil diese Erfahrung unbeschreiblich ist. Dass sie wieder mit voller Kraft eintritt, wenn sich der Körper vollständig auflöst, ist für mich kein Glauben, sondern eine tiefe Gewissheit.

Wenn bei deinem Bekannten eine Tragödie oder ein großer Verlust eingetreten ist, kannst du ihn auf mitfühlende Weise darauf hinweisen, dass ein Akzeptieren der Situation das vorhandene Leid lindern kann. Denn häufig gesellt sich zu einer tragischen Situation noch das unbewusste Gedankenmuster hinzu: »Das soll jetzt nicht so sein.« Doch es soll jetzt so sein, denn sonst wäre es nicht so. Den Sinn der Sache können wir meist allerdings nicht verstehen.

Wird die gegenwärtige Situation samt ihrer Erscheinungsformen akzeptiert, wird es wahrscheinlich so sein, dass weiterhin noch Schmerz vorhanden ist. Aber jetzt entfallen, bei einem bewussten Umgang mit der Situation, die zusätzlich belastenden Opfer- und Leidgeschichten des Ego.

Die Situation kann von dem trauernden Menschen nun etwas gelassener betrachtet werden, als wahrheitsgemäßes »Es ist, wie es ist« und nicht als zusätzlich anstrengender Kampf: »Das soll jetzt nicht so sein.«

Wenn irgendwann die innere Haltung entwickelt werden kann: »Okay, das ist jetzt so. Was mache ich jetzt damit?«, ist schon viel gewonnen, weil jetzt Akzeptanz und die Bereitschaft für etwas Neues entstehen. So können Linderung und manchmal sogar vollständige Heilung der seelischen Verletzungen und des Leids geschehen.

Mit Toten sprechen

Das Eine spricht nur mit sich selbst. Wenn du oder ein sogenanntes Medium mit Verstorbenen spricht, erhältst du vielleicht Antworten aus deinem unteilbaren Selbst. In welcher Form die Frage und die Antwort erscheinen, spielt keine Rolle. Ob du mit sogenannten Toten sprichst, mit Jesus, mit Gott oder anderen Entitäten – es ist vollkommen gleichbedeutend.

Das Leben ist vollständig und kennt keine Trennung. Es erscheint in vielen verschiedenen Varianten und ist doch nur das Eine. Wenn du allerdings glaubst, dass du hier bist und die Toten im Reich der Toten, glaubst du an Trennung zwischen dir und etwas anderem. Und das ist genau die Illusion, das Spiel des Lebens, das hier auf großartige und meist undurchschaubare Weise läuft.

Alles ist eins und das Sein spricht, denkt, handelt und kommuniziert nur mit sich selbst. Egal, wer mit wem kommuniziert, alles ist ein einziges, riesiges Selbstgespräch.

Karma und Wiedergeburt

Das Modell von Karma und Reinkarnation leitet zu moralischem und mitfühlendem Verhalten an. Die Vorstellung, sich karmisch korrekt verhalten zu müssen, um vom irdischen Dasein erlöst zu werden, ist für viele Menschen eine wertvoll erscheinende Richtlinie.

Vielleicht hast du schon von Karma und Reinkarnation gehört oder glaubst selbst daran. Karma bedeutet, dass du in diesem oder einem vorherigen Leben etwas getan hast, was jetzt und in einem Folgeleben Konsequenzen hat. Solange das Karma nicht abgebaut oder in Balance ist, bist du im Kreislauf des Lebens und der Wiedergeburt gefangen.

Dieses Modell besagt zudem, dass wenn dir in diesem Leben die Befreiung nicht gelingt, es am günstigsten sei, im nächsten Leben als Mensch wiedergeboren zu werden. Dann stehst du bereits auf der obersten Sprosse der Entwicklungsleiter. Schaffst du es dann noch, erleuchtet zu werden, bist du aus dem leidvollen Kreislauf des Lebens befreit.

Die Idee der Reinkarnation enthält jedoch einen grundlegenden Fehler, denn es gibt weder Vergangenheit noch Zukunft, sondern nur die Gegenwart. Deshalb kannst du nicht aus einem vergangenen Leben wieder hier inkarniert sein. Zudem existiert kein individuelles Ich. Wer könnte dann wiedergeboren und erleuchtet werden? Und wann, ohne eine Zukunft?

Bilder und Erlebnisse in Hypnosen, bei Rückführungen oder Bewusstseinsreisen entstehen ebenfalls nur in der Gegenwart. Trotzdem werden sie irrtümlicherweise als Hinweis auf eine vorhandene Zeitachse verstanden. Das eine Bewusstsein erscheint in billionenfacher Weise und ist stets vollständig in sich verbunden.

Vielleicht erscheint einigen Menschen manchmal eine andere Version des Jetzt und deshalb glauben sie, dass sie schon einmal in einer vergangenen Zeit und an einem anderen Ort gelebt haben.

Doch in keinem anderen Leben waren wir eine Prinzessin, ein König oder ein Bettler, denn das vom persönlichen Ich befreite Bewusstsein sieht, dass es keine Zeit gibt und nur dieser Moment stattfindet. Das eine Bewusstsein, das du bist, *ist* dieser Moment. Erkenne die immerwährende Gegenwart und die Täuschung eines individuellen Daseins. Dann brauchst du nicht mehr auf eine Erlösung in einer Zukunft zu hoffen, die es nicht gibt.

Verhalte dich in diesem Moment achtsam und bewusst, alles Karma ist auf der Stelle beseitigt und du brauchst nicht wiedergeboren zu werden.

Und keine Sorge: Selbst wenn *kein* achtsames und bewusstes Verhalten stattfindet, wiedergeboren wirst *Du* trotzdem nicht, weil es weder ein »Ich« noch ein »Du« gibt.

Nach dem Tod

Der Begriff »Tod« verursacht Angst und wird meist irreführend benutzt. Deshalb versuche ich hier erneut, etwas mehr Klarheit in das Thema »Leben und Tod« zu bringen.

Tod ist das Gegenteil von Geburt, aber nicht das Gegenteil von Leben, weil Leben kein Gegenteil hat. Das Leben lebt weiter, denn Lebendigkeit ist seine Essenz. Das Leben verkehrt sich nicht ins Gegenteil, das ist nicht möglich. Die Formen innerhalb des Lebens – damit sind zum Beispiel auch wir Menschen gemeint – vergehen zwar, aber das Leben bleibt als gegenwärtiger Moment bestehen. Und wir sind nicht diese Formen, sondern wir sind das eine Leben.

Innerhalb des Spiels des Lebens glauben wir, nur eine sterbliche Form zu sein. Das hat mit unserer wahren, unsterblichen Natur aber nichts zu tun. Ich finde, das ist wirklich eine gute Nachricht.

Du möchtest wissen, was genau geschieht, wenn dieser Körper zerfällt, was »Tod« genannt wird. Dazu fällt mir eine kleine Geschichte ein.

Ein Schüler ging zu seinem Meister und fragte ihn: »Meister, was geschieht nach dem Tod?« Der Meister antwortete: »Ich weiß es nicht.« Der Schüler erwiderte irritiert: »Aber du bist doch der Meister!« Der Meister antwortete: »Ja, aber kein toter Meister!«

Es ist klar, dass das Sein alles ist und kein Gegenteil hat. Doch wie es genau aussieht, ohne einen menschlichen Körper, werden wir sehen.

Über die Seele

Es ist nicht so, dass ein Ich Selbstverwirklichung erfahren kann, sondern das Sein erkennt, lokalisiert in der Körperform des Charakters, kein sterblicher Mensch zu sein. Das Sein realisiert sich selbst.

Demzufolge hat zwar ein Ego Angst vor dem Tod, deine wahre Natur aber nicht, wenn sie sich selbst wiedergefunden hat. Sie hat sich nur für eine Weile als diese Körperform getarnt, und das Spiel lautet, sich selbst wiederzufinden.

Es ist in etwa so, als ob das Sein mit sich selbst Verstecken spielt. Sobald die Identifikation mit dem ängstlichen Ego zerbricht, erkennt sich das Leben als unsterblich wieder, und die Angst vor dem Tod ist vorüber.

Es gibt nichts zu fürchten, denn ein Leben ohne Ich fühlt sich an wie reine, allumfassende Liebe.

Falls nach dem Tod des Körpers das Gefühl eines individuellen Daseins bestehen bleiben sollte, könnte man in diesem Fall von dem Vorhandensein einer individuellen Seele sprechen.

Mit »Seele« ist normalerweise der einem Menschen zugehörige, rein geistige Anteil gemeint, der nach dem Tod des Körpers überlebt. Doch wenn sich die Identifikation mit einem »Ich« auflöst, wird erkannt, dass ein Ich für das Leben nicht notwendig ist. Alles ist eins und darin ist eine individuelle Persönlichkeit nur eine Erscheinung, die sich ohne Weiteres verflüchtigen kann.

In der Nacht, im Tiefschlaf, ist das Gefühl der Individualität vollkommen erloschen. Dennoch lebt das Leben weiter und hält den Organismus in Gang. Ich halte es für wesentlich wahrscheinlicher, dass sich die Identifikation mit der Individualität nach dem sogenannten Tod auflöst. Und somit gibt es auch keine individuelle Seele, die weiter existiert. Das ist aber nicht schlimm, weil Zeit und Raum nur mit dem Vorhandensein eines Ichs verknüpft sind. Ohne ein Ich ist alles einfach so, wie es ist.

Dieser Zustand wurde hier mehrfach erlebt, und es herrscht die erkennende Gewissheit, dass das unsterbliche Leben auch ohne einzelne Seelen sehr gut zurechtkommt.

Manche spirituelle Lehrer sehnen sich nicht nach dem Tod, aber sie sind schon gespannt darauf, was passiert, wenn der Körper vergeht. Hier ist es sehr ähnlich. Ich habe keine Angst vor dem Tod (und benutze weiterhin die Bezeichnung »Ich«, weil eine verständliche Kommunikation sonst nicht möglich wäre) und bin schon gespannt darauf, was nach dem Ableben des Körpers passiert.

Das ist aber keine Todessehnsucht, im Gegenteil, das Leben stellt sich jetzt leichter, spielerischer und freundlicher dar. Es macht Spaß, an diesem vielfältigen Geschehen teilzuhaben, aber es wird nicht mehr daran geklammert, weil diese kurze Zeitspanne nichts ist im Vergleich zu unserer wahren Natur.

Wenn die Gewissheit vorhanden ist, dass die zeitlose Gegenwart ewig währt (was sich wie ein Paradoxon anhört, aber keines ist), verliert die menschliche Lebensspanne auf diesem Planeten an Wichtigkeit.

Wenn ein geliebter Mensch stirbt, erscheint auch hier Trauer, aber sie ist begleitet von der friedvollen Gewissheit, dass das Ende der Form nicht das Ende des Lebens bedeutet. Und so wandelt sich natürliche Trauer in Frieden und manchmal sogar in Freude.

Wenn die Religion sagt, dass die Seele in die Ewigkeit zieht, irrt sie sich mit hoher Wahrscheinlichkeit, weil sie damit weiterhin an ein individuelles Ich glaubt. Das Leben funktioniert ohne ein Ich, aber ein Ich kann nicht ohne Leben sein. Wenn das als Wahrheit erkannt ist, wird das Konzept einer individuellen Seele überflüssig.

Stell dir einen Ozean vor, der eine kleine Welle wirft. Diese kleine Welle hält sich für eine Weile für ein individuelles Wesen und übersieht dabei, dass sie nur aus reinem Ozeanwasser besteht. Sie hat vielleicht eine bestimmte Form, die sich aber auch schon ständig ändert. Wenn sich diese Form wieder vollständig auflöst, wird aus der Welle sofort wieder der wellenlose Ozean. Die Essenz bleibt gleich, nur die Form ändert sich. Während des Übergangs zurück von der Welle zum stillen Ozean ist kein weiterer Zwischenzustand notwendig. Dies wäre in unserem Beispiel eine Seele, die nach dem Verlust des Körpers irgendwohin wandert, um dann vielleicht auf Wunsch eins mit dem Ganzen zu werden oder wieder zurück in ein individuelles Dasein zu kommen.

Das Ego ist der mit einer Körperform verbundene Glaube an eine individuelle Existenz. Eine Seele wäre die körperlose Fortsetzung dieses Glaubens.

Die Illusion eines Ichs erscheint im Hier und Jetzt. Eine Seele erscheint nirgendwo und ist auch nicht notwendig, damit sich das Leben als das untrennbare Leben erfahren kann.

Danke

Mein Dank geht an meine Leser und Zuschauer, an meine Familie, Freunde und an alle Menschen, die mit ihrer wachen und liebevollen Ausstrahlung und ihrem Einsatz zu einer weltweiten Bewusstseinssteigerung beitragen.

Danke an das Leben und an alle, die mich durch ihre Zuneigung und Herausforderungen an meine wahre Natur erinnern und wach bleiben lassen.

Ich bin aus tiefstem Herzen dankbar für die Einsicht, dass wir Menschen nichts tun können und absolut frei und unschuldig sind, weil das Leben alles ist, vollkommen erwacht, und nichts als Freiheit, Einheit und Unschuld kennt.

Im Grunde lautet unsere Aufgabe nur, uns wieder an die wahre Natur zu erinnern: Wir sind das eine, zeitlose Leben, das hier für eine kurze Weile spielt und dann friedlich, und in unsterblicher Liebe zu sich selbst zurückkehrt.

dirkhessel.com
youtube